早稲田大学

教育実習マニュアル

は じ め に

――教育実習へ赴く学生諸君へ――

　本書の初版は、1998年の教育職員免許法改正(2000年度新カリキュラム移行)を受けて刊行された。本書は、教育実習に関する必要な事項の説明、実習記録ノート、実習日誌、実習心得、関係法規から構成されている。取得される免許状は、中学校、高等学校にかかわる教育職員免許状である。

　本書の内容は、教育実習期間中のみならず教育実習をはさむ事前指導・事後指導の演習の授業においても有効に活用されるように構成されており、教育実践への準備から終了に至るまでの基礎的教養ならびに各教科・科目に関する専門的知見を的確に身に付けられるよう配慮されている。

　一方において、子どもたちをとり巻く生活環境が激変し、他方において、教員養成改革が進行し、質の高い教育者が求められている今日、実習に赴く学生諸君は、このマニュアルから教育実習の意義と内容をくみ取ってほしい。その上で、実践的体験の場において、教師としての基本的な姿勢と学校現場の特色を学び取り、実習校における諸指導と自らの改善工夫を合わせ、実りある成果をあげることである。得がたい経験から得たことは、最後に総合自己評価として記録してもらうが、これは教員採用試験など後日の備えになるものと確信する。

　本書は、早稲田大学教育・総合科学学術院の専任・非常勤の教員をはじめとして、学内の他箇所の人材など、多くの専門家の全面的な協力のもとに完成した。出版以来13年目を迎えるが、2006年の教育基本法改正に伴う学校教育法以下の三法の改正等、近年の教育界をめぐる動向を踏まえて、先生方に必要な加筆・修正をお願いした。本書は、その斬新性と専門性からして、早稲田大学のみならず他大学においても、教師教育の至便な参考書として高い評価を受けている。教職を目ざす学生諸君には、ぜひ有効に活用していただきたい。

　2014年4月1日

早稲田大学教育実習マニュアル刊行会

目　　次

はじめに

第1章　学校教育とは　　1

1．学校教育の現在と未来　………　2
2．学校の運営と組織　………　4
3．教師とは　………　5
4．生徒指導、進路指導、キャリア教育　………　6
5．教育内容　………　7
6．特別活動　………　8
7．学校と学校外教育の連携　………　9
8．特別支援教育　………10

第2章　教育実習とは　　13

1．教育実習の意義と目的　………14
2．Job Trainingとしての教育実習　………15
3．実習校の実際　………16
4．教育実習の3段階　………17
5．校務分掌　………18
6．教育相談活動と保健室　………19
7．介護等体験と教育実習　………20
8．総合的な学習の時間(中学校)・総合的な探究の時間(高等学校)　………21

第3章　授業の展開　　23

1．教材研究・指導目標の明確化　………24
2．学習指導案の作成　………25
3．生徒の理解度の確認　………26
4．学級と学級づくり　………27
5．教育方法の駆使・教具の準備　………28
6．ＩＣＴ活用　………29
7．発問・板書内容の準備　………30
8．机間指導・ノート指導　………31
9．教育評価(生徒評価)／実習生の自己評価　………32

第4章 教育実習の心得　　33

第5章 学習指導案の作成　　39

中学校の部

- 国語 ………… 40
- 社会(公民的分野) ………… 42
- 英語 ………… 44
- 数学 ………… 46
- 理科(物理分野) ………… 48
- 保健体育(保健) ………… 50
- 道徳 ………… 52
- 特別支援学校 ………… 54

高校の部

- 国語(古典) ………… 56
- 英語(コミュニケーション英語Ⅰ) … 58
- 数学 ………… 60
- 地理歴史(日本史) ………… 62
- 地理歴史(世界史) ………… 64
- 地理歴史(地理) ………… 66
- 公民(政治・経済) ………… 68
- 理科(化学) ………… 70
- 保健体育(体育) ………… 72
- 情報 ………… 74

[単元指導計画付帯版] 中学校　社会(公民的分野)学習指導案 ……………………76
「評価基準」と学習指導案・単元指導計画 ……………………78
資料―観点別学習状況の評価の観点― ……………………79

第6章 教育実習の記録　　81

- ノートa　教育実習の記録 …………………… 81
- ノートb　教育実習日誌 …………………… 93
- ノートc　総合自己評価―教育実習をふり返って― …………………… 119

付　録　教育関係法規(抜粋) …………………… 140

教育実習体験レポート[必須] …………………… 141

付 録　教育関係法規(抜粋)一覧

　　　一　日本国憲法……140
　　　二　教育基本法……140
　　　三　学校教育法……139
　　　四　学校教育法施行令……136
　　　五　学校教育法施行規則……136
　　　六　地方教育行政の組織及び運営に関する法律……134
　　　七　社会教育法……133
　　　八　教育職員免許法……133
　　　九　教育職員免許法施行規則……132
　一〇　地方公務員法……132
　一一　教育公務員特例法……131
　一二　学校保健安全法……131
　一三　児童の権利に関する条約……130
　一四　障害者の権利宣言……129
　一五　人権教育及び人権啓発の推進に関する法律……128
　一六　食育基本法……128
　一七　著作権法……127

『教育実習マニュアル』の取り扱いについて

1．『教育実習マニュアル』の「教育実習の記録」 ノートa　ノートb　ノートc 欄は業務報告書でもあるので、丁寧に記載する。

2．教育実習日誌 ノートb は毎日の退勤前に指導教諭に提出し、点検をお願いする。

3．実習終了後には、『教育実習マニュアル』の記載すべき箇所(「総合自己評価」(ノートc)の部分については後述)をすべて記載したかどうかを確認する。
　　実習最終日に、教育実習全般についての報告を実習校から求められた場合は、本マニュアルとは別途に、速やかに執筆し提出する。

4．実習校によっては、評価のために、記載済みの『教育実習マニュアル』の提出を求める場合があるので、そのときは一時実習校に預け、1週間程度で受け取りに行くか、自宅への郵送を依頼する。郵送を依頼するときは予め本マニュアルが入る返信用封筒(切手添付、住所記入済みのもの)を必ず実習校に預けること。なお、本マニュアルが事後指導開始までに戻ってこない可能性があることを考慮して、「総合自己評価」 ノートc のコピーを予めとっておくこと。

5．「教育実習演習」の事後指導の授業に本マニュアルを持参(本マニュアルが手元に戻って来ていない場合は、「総合自己評価」 ノートc のコピーと実習中に使用した資料を持参)、実習の総括や討論会などを行う。当授業以前に「総合自己評価」 ノートc の上段の部分を記載しておく。
　　※ 事後指導時に担当教員の指示に従い、本マニュアルを担当教員へ提出すること。

6．本マニュアルは、「教育実習演習」事後指導時もしくは秋学期開講の「教職実践演習」の授業中に返却される。生涯における貴重な記録となろう。

第 1 章

学校教育とは

1 学校教育の現在と未来

キーワード 学校の社会的機能　教育をめぐる語り　つながり　グローバル化　学校教育法改正
教育基本法改正　学校選択制　学校観　中央教育審議会

1　学校の現状と課題

　明治期に近代国家が成立して以降、国家形成に有為な人材を育成するために学校には重要な社会的機能が期待されてきた。わが国には、寺子屋など近世の教育伝統が存在し教育の量的拡大の一定の歴史的基盤が存在してきたが、近代教育そのものはそれ以前の教育とは大きく異なる国家的な企てであった。公教育があらゆる社会階層に普及・浸透するには相当な時間が必要であったが、学校は社会移動（立身出世）や人格形成を促す公教育機関として制度化されていった。いわゆる教育の大衆化である。まず、これまでの学校教育の過去と教育社会の現状をふまえながら、私たちが向き合うべき課題を大まかに整理しておきたい。

　学校や教育の現状を捉える際に、マスメディア等でつくられたイメージに流されないことが肝要であるが、その際に注意すべき三つのポイントがある。

　第一に、現状を語るときどの時期と比較しているかをしっかりと見極めておくことが求められる。たとえば、「不登校が増えた」とか「凶悪な少年犯罪が増えた」と語るとき、言葉の定義もさることながら、時間的な広がりが曖昧なまま語られることが多い。危機感が煽られ、長期的に見れば生徒の成長や社会の豊かな発展にとって必ずしもプラスにならない「その場しのぎの対応」がなされることもある。社会不安を助長する語りにふりまわされないためには、たとえば、他国と冷静かつ客観的に比較を行うことも有効である。

　第二に、語られている内容がどれほど客観的な根拠（evidence）に基づいているのか、あるいは、どれだけ一般化可能な「法則」なのかという問いを常に意識しておくことが必要である。「飲み屋談義」と揶揄されるような政府会議は論外であるが、根拠となるデータがしっかりしていない場合も少なくない。たとえば、「指導力不足教員」と認定された教員の実際の人数と世間のイメージとの間にはきわめて大きな隔たりがある。「家庭の教育力の低下」についても同様である。

　第三に、語っている主体、あるいは、語らせている背景や社会的なムードの問題性や偏りを常に意識しておかなくてはならない。福祉国家を軸に「大きな政府」を標榜した時代から、財政の健全化を目指して「小さな政府」へと舵を切った時代、あるいは、格差拡大を是正するための「第三の道」を求めている時代…など、政治や経済の変化に応じて教育へのまなざしが大きな影響を受けている場合が少なくない。教育社会の現状をめぐる語りの本質を見極めていくことが求められる。

　これらの点をふまえた上で、なおも教育社会の現状として気になる変化を挙げるとすれば、以下の4点にまとめられる。

　第一に、社会のさまざまな領域で「つながり」が失われやすい状況にある。人と人との「つながり」や人と自然との「つながり」である。物質的に豊かな社会を追い求める中で、私事化（privatization）が進行し、家庭や地域での人と人との関係性が薄くなってきたことは否定できない事実である。しかも、変化は社会各層に均等に起きているのではない。生活困難な社会階層における関係性の変化がより大きく、生徒の生育環境が劣化している。たとえば、食の問題は生徒の生活の基礎的な条件として深刻である。現在、人間の「身体性」の点から考えてマイナスの教育条件が余りにも際立っている。「あたりまえ」と思われていた教育秩序が成り立ちにくい状況がある。

　第二に、その一方で、教育的なまなざしは依然として強く学校に向けられている。「家庭」や「教育」への過剰なまでの期待の高まりがあり、現実との大きな隔たりがさまざまな教育問題を生み出している。地域のしつけが衰退したという問題が、学校の問題としてすり替えられる傾向はいまなお強い。学校を消費者の視点で捉える傾向も強まっており、当事者として学校にかかわるというスタンスが弱まっている。本来協働して創り上げていく公共財であるはずの学校が、当事者性を意識しない関係者とのやりとりの中で疲弊させられる傾向が強まっている。

　第三に、グローバル化する経済に典型的に見られるように、さまざまな課題を日本だけの問題として処することができにくい状況が生まれてきている。公教育には相応の経費が必要であることは当然であるが、私たちは限られたパイをどのように分かち合い、どのように有効に未来への投資として位置づけ

ていくかが真剣に問われるべき時代に立ち至っている。新しい社会秩序を創っていく主体として、異質な他者といかにして共生していくかが求められている。にもかかわらず、市民性の育成などまだまだ課題は多い。加えて、グローバル経済は、労働力自体のグローバル市場を形成するところとなり、卒業後の進路保障というもうひとつの大きな難題を学校教育に突きつけている。

第四に、こうした教育社会の現状と向き合う学校教師たちへの世間のまなざしは必ずしも温かくない。精神疾患で休職する教員の割合は減ずることなく、毎年増大している。多忙化の中で、疲弊する教師たちの問題は深刻である。広い意味での「コミュニティ」を基盤にしてものごとを解決していくことが不可欠である。単に個人としての対応だけでは不充分であり、学校の中の教師集団としても、学校の外との関係性においても、いずれもチームで課題と向き合っていく力が求められている。

いずれにしても、専門職として自律的に丁寧に状況を読み取り、目の前の生徒のより豊かな未来を支援する中で、教育社会を再構築していくための「つながる力」をつけていくこと、学校を教師の自己成長を促す持続可能な場として育てていくことが重要である。そうした未来への手立てという視点で、政策動向を見据えていくことが求められる。

2　現代の教育制度改革

(1) 教育基本法の改正

日本国憲法は「すべて国民は、法律の定めるところにより、その保護する子女に普通教育を受けさせる義務を負ふ。義務教育は、これを無償とする」（第26条第2項）と定めており、この規定にもとづいてわが国の義務教育制度が整備されてきている。今日の義務教育制度だけでなく学校教育制度全体に大きな変化をもたらしているのは、2006年12月の教育基本法改正である。改正反対運動や慎重な審議を求める声もあったが、およそ60年ぶりの大幅改正となった。

教育基本法改正論議において最大の論点となったのは第2条（教育の目標）であった。特に、同条の第5号（「伝統と文化の尊重」「我が国と郷土を愛する態度」）をめぐっては非常に激しい論争が展開された。また、旧法で義務教育の年限を9年とする規定があったものの新法では削除されて学校教育法に移された。これは今後の義務教育年限の弾力的な運用に道を拓くものである。教育基本法が教育の根本法としての性格を改正後も持ち続けているために、同法の改正によって、学校教育法をはじめとした教育関係法の改正や、それらに関連して政令や省令が改正されただけでなく、学習指導要領も改訂された。

(2) 学校教育法の改正

学校教育法の具体的な改正点として、①新たに義務教育の目標を定め、幼稚園から大学にいたるまでの各学校の目的・目標の見直しを行ったこと、②幼稚園、小・中学校等に副校長、主幹教諭、指導教諭の新しい職を置くことができるようにして、学校の組織運営体制や指導体制の構築を図ろうとしたこと、③学校評価を義務づけることで学校運営の改善を図り、学校の状況についての情報開示を求めたこと、などがある。

①については、義務教育としての普通教育の目標を10項目列挙し、その中で「態度を養う」との行動規範や道徳規範がかかげられている。②については、従来の学校が校長・教頭以外は横並びの平板な組織であり教員の自由裁量が大きかったことを特徴としているのに対して、新たな職の設置によって学校組織がピラミッド型になり校長の主導する学校運営体制が強まると見なされている。③については、2002年制定の小・中学校設置基準の法的根拠となる規定であり、学校が教育活動その他の学校運営の状況について自ら点検評価を行って結果についての情報を積極的に提供することを義務づけている。

(3) 学校制度の改革

今日において多様な学校制度改革が議論の俎上に載せられ、その中の一部が実施されてきている。たとえば、学校間の連携や接続の推進、小中・中高一貫校の設置の拡大、国・自治体・学校法人以外の株式会社やNPOによる学校教育の容認、学校選択制度の拡大、地域運営学校などを通した保護者や地域住民の学校運営への参加の強化などが進められている。また、6-3-3制の見直し、就学年齢の引き下げや弾力化、義務教育年限の延長なども中央教育審議会で議論されている。いずれの制度改革も子ども、教師、保護者の学校との関わりに大きな変化をもたらすとともに、教育の内容・方法など教育活動そのものにとって重要な意味を持つものばかりである。特に21世紀に入って学校は急速に変貌しつつあり、学校に関わる人々は新たな学校観の構築を求められている。

■ 参考文献 ■

1　安彦忠彦・石堂常世編『最新教育原理』勁草書房、2010
2　清水一彦・赤尾勝己編『最新教育データブック（第12版）』時事通信社、2008
3　中央教育審議会答申「新しい時代の義務教育を創造する」（2005年10月）
4　広田照幸・伊藤茂樹『教育問題がなぜまちがって語られるのか？』日本図書センター、2010
5　藤田英典『義務教育を問いなおす』ちくま新書、2005
6　文部科学省『文部科学白書（平成21年度）』2010

2　学校の運営と組織

キーワード　学校管理　学校経営　開かれた学校　学校経営組織

1　学校経営の意義と機能

「学校運営」と「学校経営」とはほぼ同一概念とされ、組織としての学校を維持し子どもの人間的発達を図るという、学校がもつ目的を効果的に達成させる統括的作用である。

学校経営は、「維持・実現機能」と「創意・創造機能」の二つから成り立っており、狭義には前者を「学校管理」とし、後者を「学校経営」と称している。学校管理とは、教育目的達成のための必要な諸条件を整備し、諸施設を維持運営する作用であり、もう一方の学校経営は、教育理念と方策を展開運用していく作用で、教育実践内容そのものの運用にかかわっている。学校管理は学校経営の下位概念として位置づけられ、両者が相まったものが広義の学校経営といえる。

学校教育法第5条が、設置者が学校を管理すると定めているように、学校経営には国、都道府県や市町村もかかわることになる。国民が自己の教育を受ける権利を行使できるよう条件整備する責任のある国や地方公共団体は、指導助言的性格の包括的な行政上の支配権をもつといえる。公立の小中学校に関しては、市町村教育委員会がこのような外部からの経営・管理を行うことになる。他方、個々の学校内部にも経営・管理機能があり、慣行・内部規範・創意機能など、教育委員会との相対的自律性に立った学校経営機能が認められている。以上のことから、学校経営は法的規定や基準に基づくとともに、自主的・自律的に展開し得るような諸条件が保障されることによって豊かな成果がもたらされるという教育の本質に鑑みて、教育委員会と学校の協力連携によって進められるべきといえよう。

さらには、「開かれた学校」が求められている今日、学校が運営の情報を広く開示し、その透明性を確保し、保護者や地域住民、さらには生徒の多様な意見や要望にも配慮するような「学校参加」型の学校経営が求められている。

学校経営の領域は、一般に、①学校の目標・経営計画の設定と意思決定の領域、②学校経営の組織構成と運営の領域、③人間関係の領域、④教職員の研究・研修の領域、⑤校長・教頭・主任の指導・助言の領域、⑥学校事務（校務分掌）の領域、⑦学校財政の領域、⑧物的管理の領域、⑨対社会関係の領域、⑩地域の教育環境構成の領域、⑪学校評価の領域、に分類されている。

2　学校経営の組織

学校経営組織には、外部の経営組織を含める場合もあるが、一般的には個別学校の内部組織を指し、その組織は、①直接的な教育活動を担う教育組織、②その条件整備を分業的に図る狭義の校務分掌組織としての事務組織、③全校的な意思決定活動を軸とする学校運営組織、④研究・研修活動としての研修組織から構成されている。

経営組織の中核は①の教育組織であり、教員の自主性・専門性が尊重されるとともに、校長などが専門的、計画的な指導・助言を行うことにより、活発な教育活動が展開されることが期待されている。②の事務組織については、学校経営に付随する事務を教職員が相互に分担して行うため、各学校では内部の経営・管理組織として校務分掌を設けている。

③の運営組織についてみると、学校運営について教職員の意思の疎通と統一を図るため、職員会議が設けられている。職員会議の性格は一様ではなく、位置づけをめぐり、学校の最高意思決定機関説、校長の諮問機関説、両者を折衷した一部意思決定機関説、意思伝達・連絡調整機関説などの考えがある。この他の運営組織として、学年主任・学級担任・教科主任、各種委員会等がある。各種委員会としては、学校運営委員会・教育課程検討委員会・生徒指導委員会等がある。

最後に④について述べると、ＩＬＯやユネスコが「教職はふだんの研究により獲得・維持される専門的な職業」と位置づけているように、教員には絶えず研修を行うことが課せられているのであり、その組織が学校内外に設けられている。

■ 参考文献 ■

1　岡東壽隆他編『学校経営重要用語300の基礎知識』明治図書出版、2000
2　天笠茂『学校経営の戦略と手法』ぎょうせい、2006

3 教師とは

キーワード　聖職者　労働者　高度専門職　教員研修　教職大学院　教員免許更新制

1 教師像の変遷と専門職者への展開

　学校教育の成否は、生徒の教育に携わる教員の資質能力に負っている。先生、教師は、敬称・自称の他、一般的に使用されるが、法令や公文書では、教員（教育基本法）、教員・教師（審議会答申）、教諭（学校教育法）、教育職員（教育職員免許法）と使い分けられる。歴史的に教師像を追うならば、江戸時代の寺子屋、藩校、私塾における師は、儒教の精神に基づき、学問への精通のみならず人を感化する存在として、世俗欲から超越していた（聖職者像）。明治時代に入るや、1881（明治14）年に文部省達として忠君・愛国の理念に立つ「小学校教員心得」が出され、さらに1886（明治19）年に森有礼によって出された「師範学校令」において、順良・信愛・威重の三徳が推奨され、その後、この教師像は、1890（明治23）年公布の「教育勅語」と一体になって、天皇と国家に仕える師範タイプの聖職者像へと変貌し、やがて敗戦を迎えたのである。

　戦後の教員の法的規定は、先ず、1947年制定の「旧教育基本法」第6条（学校教育）2項に求められる。本条文で、教員は「全体の奉仕者」と捉えられ、その自覚とそれゆえの職責の遂行を促し、学校のもつ公共性からくる教師の使命感が喚起された。2年後には、国・公立学校の教員を単なる官吏から「教育公務員」と規定した「教育公務員特例法」が公布され、また教員養成は「開放制」となった。

　さて、戦後結成された日本教職員組合は、旧文部省と激しく対立するようになった。ときに朝鮮戦争が勃発し、日本が占領下から独立すると同時にアメリカから再軍備を求められたこの時期、日教組の「教師の倫理綱領」8項において明記された「教師は労働者である」の表明は、その後の激しい教育抗争と無関係ではない。聖職者像と労働者像の対立に風穴をあけたのが、1966年のILO（国際労働機関）/UNESCO（ユネスコ）による「教員の地位に関する勧告」（特別政府間会議採択）であった。本勧告において、教職とは、継続的研究と専門的知識および特別な技術が必要な「専門職」であると定義された。

2 知識基盤社会の教員の資質・能力

　1970年代後半から日本は高度経済成長期に至り、社会全体の構造的変化が人々の生活スタイルを大きく変えた。子どもたちは物質的に満たされた生活空間を得たが、次第に子どもらしい皮膚感覚を失い、塾や予備校通いに明け暮れる生活となった。21世紀に入るや、学校では、いじめ、暴力、学級崩壊、不登校などの現象が多発し、教員は生徒指導に苦しむところとなった。また、科学技術の高度発展、グローバリセーションの波は教育においても国際化や情報化への対応を急務とした。

　教育職員養成審議会は、1997年の答申「新たな時代に向けた教員養成の改善方策について」において、①いつの時代にも求められる専門職者としての能力と、②変化の時代を生き抜く地球的視野の必要を説いた。次いで同審議会がまとめた答申「養成と採用・研修との連携の円滑化」は、教員免許取得を教員資格の終点とみることなく、①初任者研修の一層の充実、②教育経験者・中堅教員の国内大学院での研究（専修免許状や博士号の取得）、海外施設での研修等を促した。以来、ライフステージに応じた教員研修の受講が推進されている。

　中央教育審議会は、2002年答申「今後の教員免許制度の在り方について」において、いわゆる「指導力不足教員」への対応と高度な教員の養成のため、現職教育の改善・強化を強く訴えた。さらに2005年答申「新しい時代の義務教育を創造する」の中では「あるべき教師像」が論じられ、①教職に対する強い情熱、②専門家としての確かな力量、③総合的な人間力の育成が叫ばれた。2006年には「教育基本法」が改正されたが、その第9条として「教員」の独立条項が盛り込まれ、教員の「崇高な使命」の自覚と、研究と修養の充実が記されたことは記憶に新しい。2008年の教職大学院の創設は新たな教員養成を促進し、2009年度から実施に入った教員免許更新制は教員免許に対する厳正な認識を促した。2012年答申では「学び続ける教師」の意義が強調されているが、修士課程履修の教員免許構想とともに、知識基盤社会に向かう教員像の提示ともいえる。

■参考文献■

1　都教職員研修センター『教職員ハンドブック』改訂版、都政新報社、2012
2　文部科学省『文部科学白書』平成23年度版、p.147-153

4 生徒指導、進路指導、キャリア教育

キーワード　生徒指導　進路指導　キャリア教育　生徒指導主事　進路指導主事

1 社会の変化とガイダンス

　政治、経済、外交など変化の激しい社会の中で人々は様々な不安を抱え生きている。こうした影響は学校にも反映され、問題行動などによる学級崩壊、規範意識や社会性の低下、不登校など様々な課題として表出している。さらには、進路選択を先送りするモラトリアム傾向、働くことや学ぶことへの意欲の低下など生き方の問題にも大きな影を落している。こうした時代においてガイダンスとしての生徒指導や進路指導の重要性が高まっている。ガイダンスについては「生徒が学校や学級での生活によりよく適応するとともに、現在及び将来の生き方を考え行動する態度や能力を育成することができるよう、学校の教育活動全体を通じ、ガイダンスの機能の充実を図ること」と学習指導要領に規定され、学校適応と卒業後の生き方の選択における支援を主な働きとしている。

　各学校段階での不適応現象は、「小1プロブレム」、「中1ギャップ」、「高校中退」といった語句で象徴されているが、教育活動全体が円滑にかつ効果的に進展するためには生徒一人一人が学校に適応していることが前提となっている。教育実習では、全教育活動における生徒指導、進路指導の機能に注目し、学級経営や教科指導の実習を積んでほしい。

2 生徒指導について

　生徒指導や進路指導は教育活動全体を通じ機能的に展開されることで、各教科、道徳、総合的な学習の時間、特別活動などの効果的な促進が実現されなくてはならない。「学校への適応が教科指導の実効性を上げる」などはその好例であろう。実習生はこうした生徒指導、進路指導の機能を理解し、教育活動全体で機能している場面を体感する必要がある。生徒指導は問題行動への対応と捉えられる傾向が強いがその本来の機能を見据える必要がある。

　生徒指導については、学習指導要領に「教師と生徒の信頼関係及び生徒相互の好ましい人間関係を育てるとともに生徒理解を深め、生徒が自主的に判断、行動し積極的に自己を生かしていくことができるよう、生徒指導の充実を図ること」(2008)と示されている。生徒が自己を生かしていくための生徒指導の課題としては、①生徒指導の基盤となる生徒理解、②望ましい人間関係づくりと集団指導・個別指導、③学校全体で進める生徒指導、があげられる。学校では「校長の監督を受け、……生徒指導に関する連絡調整及び指導、助言にあたる」(学校教育法施行規則第52条2③)生徒指導主事を中心に、生徒指導は、教育目標の中に明確に位置づけられ、共通理解の下で教員全体が連携し、地域社会との連携の上、計画的、組織的に展開していく必要がある。

3 進路指導・キャリア教育について

　進路指導はこれまで中学校、高等学校に限定され、それ自体が卒業時の進路先への配分指導になる傾向にあった。そこで、中央教育審議会答申(1999)でキャリア教育が初めて登場し、小学校段階から発達段階に応じた実施が求められたのである。さらに2009年告示の高等学校学習指導要領には「生徒が自己の在り方生き方を考え、主体的に進路を選択することができるよう、学校の教育活動全体を通じ、計画的、組織的な進路指導を行い、キャリア教育を推進すること」とキャリア教育が明記された。

　キャリア教育の登場によって、生徒指導、進路指導及びキャリア教育のガイダンスの機能が現代的な意味づけの下で統合され、組織的、系統的なプログラムによる長期的な展望のもとでの実施が可能になったといえる。その後、中央教育審議会答申(2011)にて「一人一人の社会的・職業的自立に向け、必要な基盤となる能力や態度を育成することを通して、キャリア発達を促す教育」と新定義が示されたキャリア教育は新たな局面に入ったといわれている。

参考文献

1 文部科学省『生徒指導提要』2010
2 中央教育審議会答申「今後の学校教育におけるキャリア教育・職業教育の在り方について」、2011
3 「職場体験・インターンシップ実施状況等経年変化に関する報告書」(平成24年1月) http://www.nier.go.jp/shido/centerhp/i-ship/i-ship-report/index.html
4 「キャリア教育をデザインする『今ある教育活動を生かしたキャリア教育』―小・中・高等学校における年間指導計画作成のために―」(平成24年8月) https://www.nier.go.jp/shido/centerhp/design-career/all_ver.pdf

5 教育内容

キーワード　学習指導要領　経験学習　基礎・基本　教育課程　習熟度別学習

1　教育内容と教科

　教育内容は、人類が多年にわたって蓄積してきた文化的成果（自然・人文・社会の諸科学、芸術や技術など）を教育的見地から検討して選択・組織したものである。

　我が国では、国の基準として文部科学省告示の「**学習指導要領**」に教育内容が明示されている。2008年3月告示で改訂された学習指導要領によると、中学校は各教科（必修と選択）、道徳、特別活動及び総合的な学習の時間に分けて「内容」（総合的な学習の時間については学習課題）を提示している。その中核はいうまでもなく各教科の教育内容である。

　教科の内容は、それぞれの基礎学問を背景に科学の成果を基盤にして構成されるが、学問の科学的体系がそのまま学習順序や配列になるわけではない。教科内容として選択し構成する際に大切なのは、教育的見地をどう働かせるかである。それにより内容の量や質が変わってくることになる。

2　教育内容の規定要因

　学問・科学は絶えず進歩・発展し、文化的成果物は増大する。次世代に生きる子どもの育成を責務にする教育にとっては、絶えず教科内容を修正し変更していく必要に迫られる。どんな観点でどんな内容を取捨選択しどう構成するかが問われる。

　各教科の内容は、存立基盤になった学問の研究成果だけでなく、科学技術の進捗状況、時代の社会的・経済的要請、それに教育界の受け止め方（姿勢）などの諸要因によって規定されることになる。1947年以降ほぼ10年間隔で学習指導要領の改訂が行われてきたが、その度に提起されたのは上記のような諸要因にどう対処するかであった。

　例えば、1947年の学習指導要領（試案）では子どもの経験に基づく**経験学習**（learning by doing）が重視された。科学技術の著しい進歩を背景に「教育の現代化」が強く要請された時期（1969年の学習指導要領）には、内容の量的拡大や質的高度化に重点がおかれた。それに対して、「ゆとりと充実」を標榜した時期（1977年の学習指導要領）には、教育内容の「精選」（減少）が重要視され、特に1998年の改訂では、教育内容の3割削減の「厳選」が行われた。子どもに**基礎・基本**を確実に習得させ、「生きる力」を付けるためという教育界の姿勢を全面に打ち出したのである。

　しかし、OECDによる2003年の「生徒の学習到達度調査（PISA）」結果より、子どもの学力の低下が再認識されるとともに、「知識基盤社会」の到来に向けて、2008年の改訂で授業時数が増加された。学力を「生きる力」の柱の1つに据え直し、知・徳・体の相互的発達が目指されている。学習指導要領の内容の変更が、社会的要請からみて妥当か、また科学技術の革新への対応からみて適切かの検討が必要である。

3　教育課程の編成と授業実践

　教育課程（Curriculum）は教育内容・活動を学習者の心身の発達段階に応じて編成した教育活動計画である。学習指導要領は総則で、教育課程編成の一般方針について「生徒に生きる力をはぐくむことを目指し、創意工夫を生かし特色ある教育活動を展開する中で自ら学び自ら考える力の確実な定着を図り、個性を生かす教育の充実に努めなければならない」と述べている。

　つまり、「自ら学び自ら考える力」と「基礎・基本の確実な定着」を2本柱に、「生きる力の育成」を目指した教育課程の編成を強調している。また、実際の授業展開においては、次のような指導方法に配慮することが大切だとしている。すなわち、①体験的学習や問題解決的学習　②個別指導、グループ別学習や**習熟度別学習**など個に応じた指導　③コンピュータや情報通信ネットワークなどの活用　④積極的評価による学習意欲の喚起　⑤家庭や地域との連携、である。

　これに加えて重要なのは、教科指導において「内容知」重視の授業づくりと「方法知」重視の授業づくりの調和を意図的・計画的に図ることであり、「体験知」を重視した授業づくり（総合的な学習）とは明確に区別して取り組むことである。

■参考文献■

1　水原克敏『学習指導要領は国民形成の設計書』東北大学出版会、2010
2　水原克敏・足立佳菜『学校を考えるっておもしろい!!』東北大学出版会、2011
3　佐藤学『教育方法学』岩波書店、1996

6 特別活動

キーワード　教科外教育　学級活動・ホームルーム活動　生徒会活動　学校行事　部活動

1 特別活動の目的

学校における教育課程の編成は、教科教育と教科外教育から成り立っている。前者は知識や技能の習得を、後者は社会性や人格の形成を主として担うが、両者は、相補的、総合的な関係にある。特別活動は、教科外教育の領域に含まれる教育活動である。その目的は、集団的・協同的な活動を通して、心身の調和のとれた個人としての発達を図ると同時に、集団や社会の一員としての自覚や態度を養い、自己を生かした生き方ができるようにしていくことにある。また、そこではぐくまれる主体性・自主性は、教科学習の質を自ら深め、将来の職業選択・進路選択のための力量を獲得させることにもつながる。

2 特別活動の領域

特別活動は、①学級活動(小・中学校)・ホームルーム活動(高校)、②生徒会活動、③学校行事の3領域によって構成されている。2003年度から実施の学習指導要領においては、学校週5日制との関係もあり、中・高校ではクラブ活動が廃止された。しかし、任意参加のかたちで部活動を実施している学校もある。

学級活動・ホームルーム活動：学級集団は、ほぼ同一の年齢の生徒からなる点では社会の他の集団とは異なるが、その集団を拠り所として意図的組織的教育活動が行われ、生徒相互が影響し合い、人間性や社会性がはぐくまれていくところである。健康で安全な生活態度を身につけること、男女が協力して集団を支えること、コミュニケーション能力を高めること、自らの学習課題を見つけ高めること、生き方在り方への理解を深め主体的な進路選択のための知識・態度をはぐくむことなどが期待される。学校給食も、望ましい食生活や栄養・健康への理解という点から、特別活動と関連づけられている。何よりも、一人一人が尊重され、個性が発揮できる集団の形成が必要である。

生徒会活動：生徒会活動は、学校の全生徒によって組織される生徒会を基盤にして、生徒同士がさまざまな考えや要求を出し合い、集約し、それに基づいて機構を運営することによって、自治能力を高め、民主主義のルールや運営の仕方を学ぶところである。教師には、自治と共同の原則を、生徒が実際の活動の中で学び、身につけるよう、指導・援助していくことが求められる。

学校行事：学校行事は、全校または学年を単位として、学校生活に秩序と変化を与え、集団への所属感を深め、学校生活を充実させるような体験的活動である。その内容は、儀式、学芸、健康安全・体育、遠足旅行・集団宿泊的行事、勤労生産・奉仕的行事等である。近年では、地域社会との協力や、幼児・高齢者・障害のある人々などとの触れ合い、自然体験や社会体験の活動なども重視されるようになった。また、修学旅行などを教科学習と関連づけ、学習の総合性、統合性を追求する取り組みも見られる。

特別活動はその教育目標からしても、教科や道徳、総合的な学習の時間、生徒指導などの領域と密接に関係するため、生徒や学校の実情に応じて柔軟かつ総合的な視野からの指導が不可欠となるだろう。

3 課題と対応

教師にとっては、小学生・中学生・高校生の心理的・発達的・社会的現状分析に基づいた生徒理解が不可欠である。中学生・高校生は、第二次性徴期、第二次反抗期を経て精神的な自立への葛藤の中にあり、他人とのかかわりの中で自己を確立していく時期にいる。社会的には、消費的文化や情報氾濫の影響を受けやすく、高学歴化に従って、進路の選択やそのための準備に伴うセルフ・アイデンティティーの確立に苦しむ時期である。教師は、そうした状況を把握し、生徒個々人の個性や意志を十分に理解した上で、いかなる集団生活、文化的生活を保障していくことが彼らを健全に育てることにつながるかという問題意識をもたなければならない。また、教師間の協力によって、生徒の自主性や主体性に基づく活動を支援することが必要である。実習生としては、特別活動への積極的な参加が望ましい。

参考文献

1　文部科学省『中学校学習指導要領解説　特別活動編』、2008
2　文部科学省『高等学校学習指導要領解説　特別活動編』、2009
3　江川玟成編『特別活動の理論と方法』学芸図書、2000

7 学校と学校外教育の連携

キーワード 臨時教育審議会　学社連携　学社融合　学校運営協議会　学校評議員制度

1　臨時教育審議会における政策の転換

　1984年からはじまった臨時教育審議会は、学校と学校外教育との関係についての教育政策の転換と位置づけることができる。これ以降、学校教育にゆとりをもたせることがミッションとされ、その1つの方法が学校と学校外教育との連携であった。1989年の改正学習指導要領ではゆとり教育へと舵がきられ、「開かれた学校」となることが推奨された。

　もう1つは諸政策全般の地方分権化の潮流を受け、1998年の中央教育審議会の答申「今後の地方教育行政の在り方について」において、教育行政の地方分権化、言い換えれば自立的な学校経営、それを可能にするための地域の教育力の導入が求められたことである。

　以下では、1.開かれた学校、2.地域の教育力の学校への導入の両面から、その後の政策動向と学校現場における政策の浸透状況を検討する。

2　開かれた学校

　ゆとり教育を課題として、1998年、2002年を経て学校の完全週5日制が実施され、新たに総合的な学習という科目が開設された。ここで土曜日の過ごし方を1つの象徴として、学校と地域との連携が「学社連携」、「学社融合」という方向で模索された。「学社連携」とは、学校教育と社会教育がそれぞれ独自の計画のもとに、相互に必要とする部分を利用しようとしたものだが、学校教育は社会教育と別という考え方に阻まれ、充分に進展しなかった。ここでの反省を受けた「学社融合」とは、学校教育と社会教育がそれぞれの役割分担を前提とした上で、学習の場や活動を部分的に重ね合わせながら一体となって子どもの教育に取り組んでいこうとする考え方で、学社連携の進んだ形態と定義することで、両者の一層の連携を推進しようした。これ以降、学校と、地域のＮＰＯ、図書館や博物館などとの多様な連携が進められている。

3　地域の教育力を学校へ

　もう1つの学校の自立的運営に関しては、2000年度よりの学校評議員制度、2004年度よりの学校運営協議会制度を指摘したい。前者は、学校長が、保護者および地域住民の意見を聞いてそれを学校運営に反映させる仕組みであり、2008年度現在、全国の公立学校の86.5％、国立学校の99.2％が導入している。後者は、前者の制度を一歩すすめ、保護者や地域住民に一定の権限と責任を法律上与えて、学校運営に参画させる仕組みであり、2012年において全国の学校のうち1,183校が採用するに至っている。学校活性化の試みの1つとして、レイマンの力の導入がある。

　この理念にそった試みとして、教員免許を所有していないが何らかの力をもった地域住民の力を借りて学校を活性化させるための「特別非常勤講師制度」や「民間人校長（副校長・教頭）制度」がある。前者は、2007年で22,703件が報告されており、後者は2011年において民間人校長125人、副校長・教頭53人が採用されたと報告されている。

4　残された課題

　このように学校と学校外教育との連携は1980年代半ばよりの政策動向として位置づけることができるが、その推進の反面でまだ残る問題があることを2点指摘したい。1つは、専門職としての教職の再考である。教員はその専門職性によって排他的な地位を確立してきたわけであるが、学校外教育との連携はそれに抵触する。それを踏まえての教職の専門職性の再考が必要であろう。もう1つは、地域の教育力に委ねることで生じる地域間の不均衡という問題である。全国一律とすることで確保された平等原則に、地域の自立性原則が侵食することについての考察が必要である。

　学校と学校外教育との連携の政策的な推奨の背後に、教育をする主体としての専門性、教育を受ける主体としての平等性、この2面をどのように編成していくかという課題が提起されていることを忘れてはならない。

■参考文献■

1　佐藤晴雄『学校を変える　地域を変える』教育出版、2002
2　文部科学省「第2部第2章　子どもたちの教育一層の充実のために　3」『文部科学白書』文部科学省、2011　http://www.mext.go.jp/b_menu/hakusho/html/hpab201201/1324356_008.pdf　（2012年8月18日、最終アクセス）

8 特別支援教育

キーワード　特別支援学校　特別支援学級　通級による指導　自立活動　特別支援学校のセンター的機能

1 特別支援教育の歴史と目的

　特別支援教育とは、障害のある幼児・児童・生徒の自立や社会参加に向けた主体的な取組を支援するという視点に立ち、幼児・児童・生徒一人一人の教育的ニーズを把握し、その持てる力を高め、生活や学習上の困難を改善又は克服するため、適切な指導及び必要な支援を行うものである。一人一人の障害の種類・程度等に応じ、特別な配慮の下に、特別支援学校や小学校・中学校の特別支援学級、あるいは通級による指導において適切な教育が行われている。

　特別支援教育は旧来「特殊教育」と称されてきた。しかし、生徒の障害の重度・重複化や多様化、LD（学習障害）・ADHD（注意欠陥多動性障害）等の生徒への対応や早期からの教育的対応に関する要望の高まり、社会のノーマライゼーションの進展などを背景に平成18年に学校教育法が改正された。

　学校教育法改正以前は、盲及び聾以外の心身障害児を対象とする学校は養護学校として総称され、養護学校としては、知的障害、肢体不自由、病弱の3つの障害種別の学校が設けられていた。特別支援教育の義務制をめぐる経緯をみると、昭和23年に盲学校及び聾学校教育の義務制実施、昭和54年に養護学校（3種別）教育の義務制が実施された。昭和54年の義務制実施以降も特殊教育の制度は着実に整備されてきており、障害のある生徒等が、自分の持つ能力や可能性を最大限に伸ばし、自立し、社会参加するための基盤となる力を身につけるための自立活動の指導がなされてきた。平成19年4月からは、特殊教育は「特別支援教育」として学校教育法に位置づけられ、すべての学校において、障害のある幼児・児童・生徒の支援をさらに充実していくこととされた。具体的には、従来の盲・聾・養護学校の制度は複数の障害種別を受け入れることができる特別支援学校の制度に転換され、また、小中学校等においても特別支援教育を推進することが法律上明確に規定された。学校教育法は、特別支援学校の目的を「視覚障害者、聴覚障害者、知的障害者、肢体不自由者又は病弱者（身体虚弱者を含む）に対して、幼稚園・小学校・中学校・高等学校に準ずる教育を施すとともに、障害による学習上又は生活上の困難を克服し自立を図るために必要な知識・技能を授けることを目的とする」（第72条）と規定し、さらに幼稚園、小学校、中学校、高等学校及び中等教育学校は、知的障害者、肢体不自由者、身体虚弱者、弱視者、難聴者、その他障害のある者で、特別支援学級において教育を行うことが適当な者に「文部科学大臣の定めるところにより障害による学習上又は生活上の困難を克服するための教育を行うものとする」（第81条）として、これらの生徒のために特別支援学級を置くことができるとしている（同条2項）。さらに、特別支援学校には、在籍する幼児・児童・生徒に教育を施すだけでなく、地域の幼稚園、小・中・高等学校に在籍する幼児・児童・生徒の教育に関する助言・支援するセンター的機能も担うことが期待されている。なお、障害のある児童の就学先を決定する際には保護者の意見も聞くことが法令上義務づけられている。

2 それぞれの障害に配慮した教育

　特別支援教育では、一人一人の障害の種類・程度等に応じた適切な教育が重要となる。

(1) 視覚障害教育

　視覚障害とは、視力や視野などの視機能が十分でないために、全く見えなかったり、見えにくかったりする状態を指す。特別支援学校（視覚障害）の小・中学部では、小・中学校と同じ教科等を視覚障害に配慮しながら学習している。見えない子どもたちは、よく触って物の形や大きさなどを理解したり、音やにおいなども手がかりとして周りの様子を予測したり確かめたりする学習や点字の読み書きなどを学習する。高等部では、普通科の教育のほか、あん摩マッサージ指圧師、はり師、きゅう師、理学療法士などの国家資格の取得を目指した職業教育を行われている。通常学校における弱視特別支援学級・弱視通級指導教室では、各教科、道徳、特別活動のほか、拡大文字教材、テレビ画面に文字などを大きく映して見る機器など、一人一人の見え方に適した教材・教具や学習環境を工夫して指導がなされている。

(2) 聴覚障害教育

　聴覚障害とは、身の回りの音や話し言葉が聞こえにくかったり、ほとんど聞こえなかったりする状態を指す。小・中学部では、小・中学校に準じた教科

指導等を行い、基礎学力の定着を図るとともに、書き言葉の習得や抽象的な言葉の理解に努めたり、発達段階等に応じて指文字や手話等を活用するなど自立活動の指導が行われている。高等部には、普通科のほかに産業工芸や機械、情報デザイン等の多様な職業学科が設置され、生徒の適性や希望等に応じた職業教育も行われている。障害の程度が軽度の子どもたちは、特別支援学級や通級による指導により、音や言葉の聞き取りや聞き分けなど聴覚を活用することに重点を置いた指導を受けるなどしている。

(3) 知的障害教育

　知的障害とは、記憶、推理、判断などの知的機能の発達に有意な遅れがみられ、社会生活などへの適応が難しい状態をいう。特別支援学校（知的障害）では、知的障害の子どもたちのための教科の内容を中心にした教育課程を編成し、一人一人の言語面、運動面、知識面などの発達の状態や社会性などを十分把握した上で、生活に役立つ内容を実際の体験を重視しながら個に応じた指導や少人数の集団での指導を進めている。知的障害特別支援学級では、必要に応じて特別支援学校の教育内容等を参考にしながら、小集団の中で、個に応じた生活に役立つ内容が指導されている。

(4) 肢体不自由教育

　肢体不自由とは、身体の動きに関する器官が病気やけがで損なわれ、歩行や筆記などの日常生活動作が困難な状態をいう。特別支援学校（肢体不自由）では、肢体不自由のある子ども一人一人の障害の状態や発達段階を十分に把握した上で、幼稚園、小学校、中学校、高等学校に準じた教育を行うとともに、障害に基づく困難を改善・克服するための指導である自立活動に力を入れている。病院で機能訓練をおこなう子どもや医療的ケアを必要とする子どもが多いことから、医療との連携を大切にした教育が進められている。肢体不自由特別支援学級では、各教科、道徳、特別活動のほか、歩行や筆記などに必要な身体の動きの指導などが行われている。指導にあたっては、一人一人の障害の状態に応じて適切な教材教具を用いるとともに、コンピュータ等の情報機器などを活用して指導の効果を高めるようにされている。

(5) 病弱・身体虚弱教育

　病弱とは、慢性疾患等のため継続して医療や生活規制を必要とする状態、身体虚弱とは、病気にかかりやすいため継続して生活規制を必要とする状態をいう。特別支援学校（病弱）では、病気等により、継続して医療や生活上の管理が必要な子どもに対して、必要な配慮を行いながら、教育が行われている。特に病院に入院したり、退院後も様々な理由により小中学校等に通学することが難しい場合は、学習が遅れることがないように、病院に併設した特別支援学校やその分校、又は病院内にある学級に通学しての学習が行われている。病弱・身体虚弱特別支援学級としては、入院中の子どものために病院内に設置された学級や、小・中学校内に設置された学級がある。病院内の学級では退院後には元の学校に戻ることが多いため、元の学校と連携を図りながら各教科等の学習が進められている。

(6) 言語障害教育

　言語障害とは、発音が不明瞭であったり、話し言葉のリズムがスムーズでなかったりするため、話し言葉によるコミュニケーションが円滑に進まない状況であること、また、そのため本人が引け目を感じるなど社会生活上不都合な状態であることをいう。言語障害特別支援学級及び言語障害通級指導教室において、子どもの興味・関心に即した自由な遊びや会話等を通して、それぞれのペースに合わせて正しい発音や楽に話す方法の指導がなされている。

(7) 情緒障害教育

　情緒障害とは、情緒の現れ方が偏っていたり、その現れ方が激しかったりする状態を自分の意志ではコントロールできないことが継続し、学校生活や社会生活に支障となる状態をいう。情緒障害教育では、発達障害である自閉症などと心因性の選択性かん黙などのある子どもを対象とする。自閉症などの子どもについては、言語の理解と使用や場に応じた適切な行動などができるようにするための指導が行われている。また、主として心理的な要因による選択性かん黙などがある子どもについては、安心できる雰囲気の中で情緒の安定のための指導が行われている。

(8) LD・ADHDの教育

　LDとは、知的発達の遅れは見られないが、特定の能力に著しい困難を示す障害である。ADHDとは、発達段階に不釣り合いな注意力や衝動性、多動性を特徴とする行動の障害である。両者ともに脳などの中枢神経系に何らかの機能障害があると推定され、発達障害に分類されている。通常、LDの場合は、現れる困難が一人一人異なるため、それに対応した指導が行われている。ADHDの場合は、少集団の中で順番を待ったり最後まで話を聞いたりする指導や、余分な刺激を抑制した状況で課題に集中して取り組むことを繰り返す指導が行われている。ソーシャルスキルトレーニングと呼ばれる社会生活上の基本的な技能を身につけるための学習やストレスマネジメントと呼ばれるストレスへのよりよい対応の仕方を学ぶ学習を行う場合もある。

■ 参考文献 ■

http://www.mext.go.jp/a_menu/01_m.htm
（文部科学省「特別支援教育」）

第 2 章

教育実習とは

1 教育実習の意義と目的

キーワード　実習生　教育職員養成審議会　事前指導　事後指導　学校インターンシップ

1　教育実習の意義

教育実習は、第1に、大学の専門課程や教職課程で学んできた知識（専門教養・一般教養・教職教養）の実践化を検証する機会であり、理論と実践の統合の場である。特に教育の原理、教育の方法や技術、生徒の発達や青少年心理について学んできたことが、学校現場という現実との接点によって新たな認識となっていくのである。

第2に、教育実習は、実習生(Student Teacher)として学校教育の全体を総合的に認識し体験できる機会である。かつて生徒として通った学校は、教師としてみるならば違った空間としてあらわれる。生徒たちに接してみるならば、教えるとはどういうことかが実感できるであろう。

第3に、教育実習は、最低限度の実践的指導能力を培う場であると同時に、その能力についてみずからの適性を見極める自己評価の場でもある。教育職員養成審議会答申(1999年)は、教職課程の養成段階で修得すべき最小限度の資質能力として、「教科指導、生徒指導などの職務を著しい支障が生じることなく実践できる能力」と規定している。実習生は未熟さから失敗することもあろうが、自らの個性を生かし、学校の機能、教師の職務、生徒の特性・能力、教育方法・教育技術についての理解を深め、実践的指導能力の基礎固めをすることが望ましい。

2　教育実習の多様な形態と今後の動向

教育実習は、実習前の大学での事前指導と、実習後の大学での事後指導とが一体となってはじめて効果が出るものである。文部科学省は教師養成教育のあり方として、教育実習を重視する傾向にある。教育実習は専門性を強化し、系統化されていく方向をとるであろう。実習期間は、1998年教育職員免許法改正による新カリキュラムの適用者から、小・中学校が4週間（都道府県の判断によっては3週間で可）、高校が2週間となったが、小・中学校の場合、実習生にすぐに教壇実習をさせるのではなく、観察・参加に多くの時間を充当することで対応したいという実習校側の意向が強い（本書第2章の5を参照）。実習生にとって教育実習の意義は大きいが、学校側にとっては通常の授業が中断される危険性が伴うので、実習生の受け入れは慎重になる。実習生としては、自分が授業をすることで生徒の学習意欲を喪失させたり、学校に混乱が生じるようなことがないように、十分な準備と心構えをもって望むことである。

教員養成系大学では、学校インターンシップなどの体験実習を1年次に、観察・参加と基礎実習を2年次に、教壇実習を中心とする教育実習を3年次に、実践的研究を進める総仕上げの研究実践を4年次に配当している。開放制の教員養成制度に立つ早稲田大学の場合は4年間にわたる実習体制はとっていないが、教職希望者への重点的指導への対策として、体験実習に相当する特別教育実習や、教職内定者対象の特別研修制度の導入に積極的である。

3　教育実習の評価

教師としての成長は、実践の分析・評価能力にかかっている。教育実習終了間際に行われる研究授業に対する先生方からの評価・指導の機会や、大学に戻ってからの事後指導の授業などを活用して、自己評価に役立てるとよい。後者での報告会や検討会を通して、実習生どうしの意見交換・批評をして、学校のさまざまな課題について話し合い、自らの体験を述べ、教育実践研究の第一歩としてほしい。教育実習は、生徒に働きかけては働き返されるという相互交流の臨床的体験である。授業を展開したならば、生徒がどの程度どのように理解したのかを確認する必要がある。生徒一人一人の受けとめ方も一様ではない。予想通りにはいかないからこそ、生徒指導にも、教科指導にも、周到な立案計画が求められるし、逆にまた臨機応変の対応もできるようであればよい。何よりも、実習生自身が、学ぶ者から教える側への意識転換をはかり、種々の課題をかかえる学校現場に身を置いて、教師としての適性と能力の探求を試みてほしいものである。

参考文献

1　教育実習研究会編『中学・高等学校教育実習ノート』共同出版、2001
2　教師養成研究会『教育実習の研究』学芸図書、2001
3　白井慎他編著『教育実習57の質問』学文社、1992

2 Job Training としての教育実習

キーワード　専門職　off-JT　OJT　社会的スキル

1 Job Trainingの到達目標

教師の活動は、生徒の心身の発達に直接かかわり、人格形成に大きな影響を及ぼす。それゆえ、教師の職責を果たすには、一定水準の専門知識と専門技能が不可欠となる。教職課程は、そうした教師という専門職を養成するためのJob Training(JT)、すなわち職業訓練である。JTの目的は、職務の遂行に必要な知識や技能を習得させることにある。教師を志す者が何をどこまで習得しておかねばならないかは、初任者として実際に職務に就いた時に直面する課題によって決まる。教育職員養成審議会(1997)は、今後教員に求めるべき資質と能力を示した。それによると、養成段階に当たる教職課程の到達目標は、「教科指導、生徒指導等に関する『最小限必要な資質能力』」すなわち「採用当初から教科指導、生徒指導等の職務を著しい支障が生じることなく実践できる資質能力」を身につけておくことである。

2 Job Trainingからみた教育実習の特性

JTには2つの種類がある。1つは、仕事の現場を離れて、学校や訓練施設などで業務に必要な教育研修を行うもので、off-JT(off-the-job training)という。もう1つは、職場で実際に職務に携わりながら、仕事を通して訓練を行うもので、OJT(on-the-job training)、現任訓練という。この視点から教職課程を見ると、職務遂行に必要な理論や知識を習得するための「教育課程及び指導法に関する科目」と「生徒指導、教育相談及び進路指導等に関する科目」はoff-JTに相当し、その実践を通して職務能力を身につけるための「教育実習」は、OJTに相当する。重要な点は、OJTは元来、職場組織の構成員に対して行われることである。しかしながら、教師の場合、初任者であっても採用直後から学級担任や教科担任という通常職務をこなさねばならない。そこで、本来であれば組織の一員となった後に行う訓練を、教育実習として事前に実施するのである。それゆえ、実習に当たっては、つねに職場組織の一員であるという自覚と前提の上に立って、活動せねばならない。上述の到達目標は、教師のこうした特性に由来するのである。

3 実習生に求められる社会的スキル

教師に必要とされる技能の1つに、社会的スキル(social skill)がある。この概念は、他者との接し方を習得可能な技能ととらえるものである。実習生の立場からその意味を理解するには、生徒の見方を知ることが役立つ。中学生は、授業の進め方と性格や行動について、好きな実習生と嫌いな実習生の違いを、表1に示したようなかたちで見ている。中でも大切なのは、明るさである。明るさとは、具体的には、自分から進んで生徒と親しく接し、溶け込んでいくことである。実習生は、そのための社会的スキルも身につけておかねばならない。

とは言え、生徒との関係は、つねに教師と生徒の関係である。難しいのは、親しさと厳しさのバランスを取ることである。生徒の授業態度は重要な指導項目である以上、実際に教壇に立つ際は、不適切な振舞いをする生徒に対して注意を与えねばならない。このとき、「おこりっぽい」、「威張っている」と受け取られてはならない。そこで事前に、どのタイミングでどのように注意するか、想定される事態をいくつか考え、言い方、声の調子、表情等を練習しておくとよい。大切なことは、感情で対応するのではない。適切な注意の仕方は、教師に不可欠な社会的スキルなのである。

表1　生徒に好かれる実習生と嫌われる実習生（桜井1989）

	授業の進め方	行動や性格
好かれる実習生	1 分かりやすい 2 教え方が上手 3 一生懸命 4 授業が楽しい	1 明るい 2 やさしい 3 面白い 4 一生懸命
嫌われる実習生	1 声が小さい 2 分かりにくい 3 教え方が下手 4 勝手に授業を進める	1 暗い 2 ひいきする 3 おこりっぽい 4 威張っている

■ 参考文献 ■

1. 教育職員養成審議会第一次答申「新たな時代に向けた教員養成の改善方策について」1997
2. 宮崎和夫編著『教職論：教員を志すすべてのひとへ』ミネルヴァ書房、2000
3. 桜井智美「生徒から見た喜ばれる実習生・嫌われる実習生」東京地区教育実習研究連絡協議会シンポジウム、1989

3 実習校の実際

> **キーワード** 地域社会 教室配置 教育目標 経営方針 年間行事計画

教育実習をおこなう学校はすべて一定の法律にしたがって運営されている。憲法第26条にかかげられた教育を受ける権利、教育基本法に示された教育の目的の達成、以上を実現するため国、地方公共団体、学校法人によって設置されている(学校教育法第2条)。同時に、各学校は公私立ともに個性をもって運営されていることも事実である。みずからが教育実習をおこなう学校について、設立された背景について一定の理解をもち、また、現在どのような教育的配慮が存在しているか考えておく必要がある。

1 実習校の沿革

実習をおこなう学校には歴史がある。学校を設立した際の理念、設立したひとびと、それから今日にいたる過程について概略を知っておく必要がある。教育実習中は教職員のひとりとしての自覚が必要であり、そのためにも学校の独自性を支える沿革を調べておくこと。学校の沿革史・記念史があればそれを参照する。また、図書室・資料室・会議室等に展示されている場合がある(その際、先生方の指示と、確認をいただいてから入室すること)。校歌、校章、記念碑等にも学校設立の理念が象徴されており、参考になる。

2 地域社会－実習校と通学区

教育実習がはじまる前に、実習校の周辺地域(通学区)を歩いてみよう。学校の周りにある住宅、商店、工場などの街並み、公共施設、もちろん自然の情景を含めて地域の特色を知ることは、学校とそこに通学する生徒をよりよく理解するために大切なことである。総合的学習の時間の導入や完全学校5日制の実施により、学校と地域の結びつき、地域の人々との関係、学習内容としても地域社会をよく知り、地図や資料をてがかりに整理しておく。ボランティア活動や自然体験活動、開かれた学校づくりなどの観点からも、地域社会の理解は重要である。

3 学校の環境条件・校舎・教室配置

実習をおこなう学校の環境条件・校舎・教室配置等について可能な限り早く把握することも必要であろう。授業や諸活動において、実習期間中に戸惑うことがないようにすること。たとえ出身校であっても在学中とは施設・授業機器等も変化しており、また教育実習生としてながめる学校の風景は異なったものとして写るはずである。

4 実習校の教育目標・経営方針

各学校では独自の**教育目標**を設定している。その背景には、設置者、学校が設立されてから今日にいたる歴史と将来像が反映されているので、具体的項目について理解を深める必要がある。また、学校としての教育目標を達成するための各学年に個別目標、クラス目標、さらに生徒の学習・生活両面にわたる努力目標が設定されている場合がある。以上は実習をすすめる際の前提となるのでじゅうぶんに理解しておくこと。わからない場合には、指導の先生に率直にうかがってみるべきであろう。

それぞれの教育目標を達成するために、学校は教育活動の計画・実践・評価をおこない、職員相互の協力と分担、生徒とのかかわりかた、家庭や地域社会との関係を視野において教育方針をたてている。

以上について構造的な理解につとめる。

5 実習校の年度別目標と年間行事計画

学校では前述した教育目標、経営方針にしたがって、1年間の年度別目標と年間の行事計画が作成される。それにもとづいて、学習指導・生徒指導・進路指導・特別活動等の諸領域で、実践と評価が日々おこなわれている。実習期間が**年間行事計画**の中でどのような時期に位置するか、把握しておくこと。担当する学年の年間計画配当、学校行事の性格などが学校や学級の雰囲気にあらわれる。その際、教科指導に特別の工夫が必要とされる場面、学校行事へのかかわりかたについて適切な判断が求められることがある。教育目標と経営方針を念頭におき、学校からの事前指導、担当される先生の指示にしたがって授業や活動にのぞむことを心がける。

■ 参考文献 ■

山崎英則編著『教育実習完全ガイド』ミネルヴァ書房、2004

4　教育実習の３段階

キーワード　観察　参加　教壇実習　観察記録　一般観察　授業参観　研究授業

教育実習の構造：３段階

　教育実習(practice teaching)は、教科や科目を学校で教えることかと考えられがちだが、「授業を行う」のは最終段階である。教育実習とは、第１段階が**観察**(observation)、第２段階が観察プラス**参加**(participation)、第３（最終）段階が観察・参加プラス**教壇実習**(teaching exercise)であり、積み重ね方式となる。この３段階が教育実習の構造をなすといえる。最近は、観察と参加を一体化して「観察参加」とみる考え方もあるが、原則的には３構成である。この段階を計画的に踏み重ねていくことが望ましい。実習校によってはいきなり教壇実習をさせることがあるが、実習生としては３段階の意味をふまえて、実習に臨むことである。

1　観察(observation)

　観察は、一般観察と授業参観に大別される。たとえ母校であっても、生徒のときと実習生として勤務するときとでは根本的に異なっている。学校全体の観察、学級の観察、生徒の観察、職場観察を客観的に行い、学校とはどうなっているのか、何に努力しており、何が目標なのかを、現状把握と課題把握の面から、しっかり記録しておこう（**観察記録**）。
(1)　**一般観察**：観察の対象は、①校舎・施設・設備、環境整備や管理体制などのハード面、②生徒観察：集団としての生徒（全校生、学年別、学級別、さらには男子と女子の別）と生徒個人（とくに学級担任クラスの生徒たち）のソフト面。③地域における学校の位置、地域との連携・交流、④教職員、校医など学校スタッフの構成と職務、などである。一般観察は、全校集会時、授業中、休憩時間、放課後、掃除の時間、部活の時間など、どこでもいつでも可能である。生徒観察は、教育現場の臨場感を得られる機会であり、暖かいまなざしで行うことが大切である。これ以外に、学校理解のうえで知るべきは、学校の史的推移、ならびに生徒たちの対外的活躍の実績などであろう。
(2)　**授業参観**：教育実習におけるかけがえのない学びのチャンスである授業参観を最大限に生かし、できる限り多くの授業や実践活動を参観することである。①教師の授業展開、指導技術、熱意、教科書・副教材などの活用の仕方、②生徒の学習進度・理解度、興味・関心、③生徒の授業態度、利発さや鈍重さなどとの折り合い、④学習環境としての教室の整備条件、などを学ぶことができる。授業参観については、指導教諭の授業を参観するのはもとより、他の教科・科目の授業をも万遍なく参観できるよう、当初に計画を立て、記録をとることが大切である。

2　参加(participation)

　参加とは、実習校の指導教諭（教科担当の指導教諭や学級担任の指導教諭）が日常行っている教務、学級経営、生徒指導などを手伝うかたちでこれらに参加し、教師の職務を部分的ながら把握し実践することである。ただし、教職員会議への参加や、教員の委員会・研究部会などへの参加は許可されないであろう。打ち合わせ日に申し渡される任務と、随時気づいたり依頼されたりする任務があるので、臨機応変に対応することである。また自分から仕事を探すような積極性と勤勉さが望まれる。仕事が終了し次第、報告をすること。教師の仕事とは、教えるばかりではないことがわかってくる。

3　教壇実習（授業実践）

　教壇実習は、教科や科目を担当して生徒に教える段階であり、授業展開の実践である。それまでの観察と参加の過程を通して培った予備知識、入念な教材研究と授業構想があってこそ成功する。ぶっつけ本番に行うことは許されない。生徒の理解度を確認しつつ進めることである。観察と参加での修得内容はこの第３段階で実りをみせる（本書の第３章「授業の展開」、第４章「教育実習の心得」を参照）。教壇実習は、５〜６回実施できれば理想的であるが、実習校の事情や実習生の数によってかなりの差が生じる。実習修了間際に行われる最終教壇実習を**研究授業**という。校長、主任、指導教諭の方々に授業を評価していただく実習成果のデモンストレーションである。

■**参考文献**■
宮崎猛・小泉博明『教育実習まるわかり』新版、小学館、2012

5 校務分掌

キーワード 校務分掌　校務　校務分掌組織　学校要覧　学校運営

1　校務の分担

校務分掌は、学校教育法施行規則第43条で、「小学校においては、調和のとれた学校運営が行われるためにふさわしい校務分掌の仕組みを整えるものとする」と定められている。そして中学校については同法第79条により、高等学校については同法第104条により、この規定が準用される。

同条にいう**校務分掌**とは、学校において全教職員が校務を分担することを意味し、**校務**とは学校（教職員）が設定した教育目標を効果的に達成するために必要な学校運営上の各種の業務のことをいう。とくに校務の具体的内容については法令上明確な規定がなされていないが、今日では教師の教育活動を含めた広い範囲でとらえることが通説となっている。校務内容を概略的に分類すれば、①学校の運営および学校教育の内容、②教職員の人事管理および生徒の管理、③生徒・教職員の保健安全、④施設・設備・教具の保全管理、⑤学習指導・研究活動など、人的および物的管理や教育活動等にかかわる役割分担があるとしている。

こうした校務分掌が個々の学校の教育目標や経営方針に基づき組織されるため、それぞれ一定の独自性をもった**校務分掌組織**が展開されることになる。

2　経営への参加と校務分掌組織

校務分掌組織は、学校の設立と同時に機能する学校運営上不可欠なものであり、地域や学校の実態および特性、学校教育目標、教職員数ならびに性別年代別教職員構成比率、生徒数、民族構成等により、分掌組織の形態そのものも学校ごとに異なるのが実情である。校務分掌の組織は、一般に各学校で作成される**学校要覧**に図式化して掲げられているが、参考までに日本の小・中学校や高等学校に見られる分掌組織例を示してみれば右欄の図のようになる。この図を見れば、その学校にはどのようなしごとや会議体があり、個々の教職員がどのような意思形成や意思決定の手続きの過程を経て、**学校運営**の過程に参加しているかが理解できる。殊に大規模校ほど校務分掌の組織は複雑になり、各分掌ごとに主任（主事）が置かれ、図のようなピラミッド型に裾野を広げる階層組織をとる。このような組織の場合、各分掌を委嘱された教職員の役割や責任・権限は明確であるが、各部内の連絡・調整に時間を要し、職員会議にいたるまでに多くの審議の過程を経なければならない。その逆に小規模校の場合、特定の係を組織の中に設けず、分掌を委嘱された教職員がいろいろなしごとを兼務する傾向にある。その分、各業務間の連絡・調整が容易であるが、教職員相互間の職務内容が曖昧になるとの指摘もある。いずれにせよ、校務分掌の編成に当たっては、これらの性質をよく踏まえた上で、各学校の特性や人材の効果的な活用を考慮に入れた分掌配置を試みる必要がある。

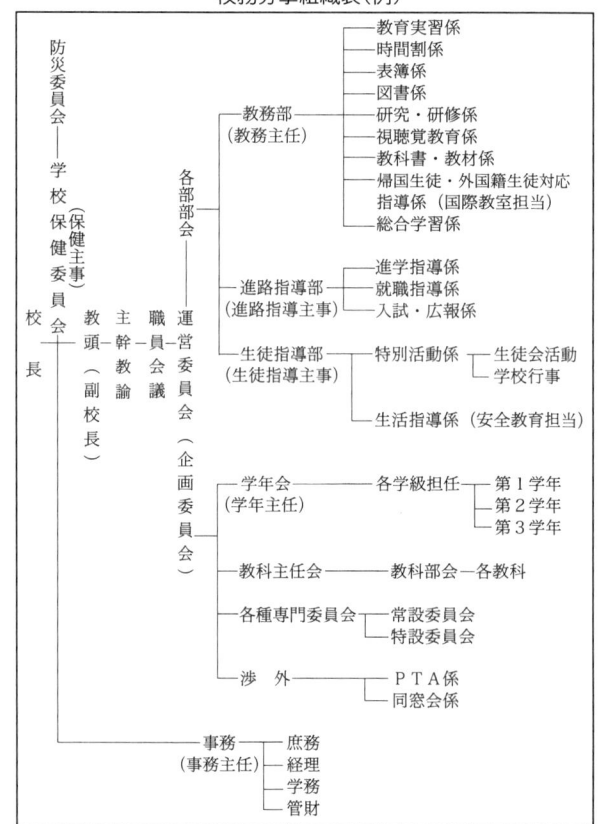

校務分掌組織表（例）

参考文献

1　校務分掌推進研究会編著『校務分掌完全マニュアル』ぎょうせい、1994

2　吉田辰雄・大森正編『教職入門―教師への道―』図書文化社、1999

6 教育相談活動と保健室

キーワード 教育相談　教育相談担当　生徒指導　保健室　養護教諭

1 教育相談とは

中学校学習指導要領解説（特別活動編、平成11年）によれば、「教育相談は、一人一人の生徒の自己実現を目指し、本人またはその保護者などに、その望ましい在り方を助言することである。その方法としては、1対1の相談活動に限定することなく、すべての教師が生徒に接するあらゆる機会をとらえ、あらゆる教育活動の実践の中に生かして、教育相談的な配慮をすることが大切である」とされている。この発想の背景には、近年家庭や地域社会の機能低下が著しいこと、生徒自身の抱える問題が多様化・深刻化していること、生徒自身にそれらの問題に適切に対処する能力が欠けている場合が多いことなどがあり、従来の生徒指導だけでは望ましい教育効果が得られなくなってきている現実がある。この変化に対応するためには、教員の従来にも増したきめ細かい対応と、臨床心理や児童福祉、法律などの各種専門家の支援を仰ぐ体制の構築が不可欠である。

教育相談の学校内組織での位置づけ（校務分掌）は、教育相談部として独立している場合や、生徒指導部、進路指導部、学習指導部、保健部内の教育相談係として、あるいは特別支援教育部門の下に配置される場合などがあり、それぞれの学校の実情や教育支援に関する考え方に影響される。しかし、いずれの場合も、校内体制の連絡・調整役としての教育相談担当教員を中心に、学級担任のサポート、事例検討会や校内研修会の計画・実施、スクールカウンセラーや養護教諭を含む校内スタッフによるチーム支援、校外専門機関との連絡調整、教育相談に関する調査研究の推進などが行われる。

具体的な相談活動の要点として、まず各教員の心理的理解のための知識の習得、すなわち問題行動や、知能、言語などの発達段階の理解、心理的アセスメント能力、面接技能の向上が重要となる。また、授業以外の生活場面や作文や図画などの表現物、家庭環境や生育歴などの情報収集をすることで、不適応問題にいち早く気づき介入することが可能となる。さらに問題が生じた場合、担当教員が一人で抱え込まず、校内スタッフによるチーム支援体制の速やかな構築が大切である。

2 保健室の役割

保健室は学校保健安全法第7条において、その設置が義務づけられている。また同法第9条においては、養護教諭が中心となって保健室において生徒の健康相談や日常的な心身の状態の把握と速やかな対応を行うことが規定されている。

養護教諭は保健管理（救急処置、健康診断、疾病予防など）、保健教育、健康相談などを行い、学校保健活動において中核的な役割をになう。昨今はメンタルヘルスやアレルギー疾患など増加する健康課題への対応や、特別支援教育への関与も期待されている。

養護教諭の業務の特徴は、①全校生徒を対象としている、②入学から卒業までの経年変化を追える、③教員、保護者と連携して業務を行う、④活動の中心が保健室であり、誰でもいつでも自由に気軽に利用でき話を聞いてもらえる場所に常駐している、などである。養護教諭は保健室での生徒との関わりを通して、問題の早期発見、早期対応ができる立場にある。身体的不調の背後にある精神的問題を早期に察知することも可能であり、問題の徴候に気づいた時点で、学級担任などと連携し、学校生活の様子、友人関係、家庭状況などの情報と照らし合わせて対応方法を検討する。そして必要に応じて学年主任や教育相談担当教員、スクールカウンセラー、特別支援教育コーディネーターなどと校内連携をとる。

一方で、養護教諭は活動を保健室に限定しやすいことから、他の校内スタッフとのコミュニケーション不足に陥りやすいという問題点もある。この点を解消するために、校内での定期的活動報告や職員会議での発言機会を確保するなど、日頃から教員や管理職とのコミュニケーションをはかり、教育相談における保健室（養護教諭）の役割や連携の重要性に関して共通認識を形成する必要がある。

参考文献

1. 大芦治『教育相談・学校精神保健の基礎知識』ナカニシヤ出版、2007
2. 文部科学省『生徒指導提要』、2010
3. 文部科学省『保健主事のための実務ハンドブック』、2010

7　介護等体験と教育実習

キーワード　介護等体験特例法　共生　個人の尊厳　社会連帯

1　「介護等体験」とは？

　教員免許状の取得には、教職ならびに教科に関する科目の所定単位の履修、所定期間の教育実習が不可欠であるが、1997(平成9)年6月18日に議員立法による「介護等体験特例法」が公布、翌98年4月1日から施行されたことにより、98年度以降の大学・短大の入学者で小・中学校の免許状を取得する者に対して、「介護等体験」が義務づけられた。

　「介護等体験」とは、特例法第1条(趣旨)にいう「障害者、高齢者等に対する介護、介助、これらの者との交流等の体験」を略称したもので、97年11月26日の文部事務次官通達には、「介護、介助のほか、障害者等の話相手、散歩の付添いなどの交流等の体験、あるいは掃除や洗濯といった、障害者等と直接接するわけではないが、受入施設の職員に必要とされる業務の補助など、介護等の体験を行う者の知識・技能の程度、受入施設の種類、業務の内容、業務の状況等に応じ、幅広い体験が想定される」と説明される。

2　体験と評価

　「介護」ということばは、2000年4月から介護保険制度が導入されたこともあり、日常的によく耳にするようになったが、ここにいう「介護等体験」は、18歳に達した後の、少なくとも7日間を必須として行われる。社会福祉施設で5日間、特別支援学校で2日間行うことが望ましいとされるが、その内訳は受入れの事情によっては許容される。1日の体験時間は、受入れ施設の職員の通常の業務量、具体的な内容等を勘酌して、適宜用意される。

　体験の内容は受入れ施設・学校によって個別的でもあり、何をどうすればよいのか、準備段階から不安をおぼえる人も少なくないであろう。この体験は大学の一般の授業とは別種の物であり、小学校・中学校の教員免許状の授与申請に当たって、介護等体験を行ったという所定の証明書の提出が必要になる。体験の成否は体験者自身の意識にかかっている。オリエンテーション等の事前指導(大学によっては科目として設置)に必ず出席し、自発的に事前学習(参考文献参照)することが肝要である。

3　体験することの意義

　現代日本社会は、高齢化、少子化、核家族化の渦中にある。その生活環境の中で、老いも若きも、障害のある人もない人も、すべての人々が個性を尊重し、お互いに助けあいながら「共生」していくことが求められている。たとえば、ノーマライゼーションの理念のもとで、障害のある人々がその尊厳や権利を重んぜられ、適切な援助や支援を受けながら主体的に豊かな人生が送れるような共生社会の実現。そのためには、社会の構成員たるすべての人々が等しく関わりをもっていることを忘れてはならない。介護等体験を通して、こうした現実に目を向け、その理解のきっかけを作り得ることの意味は大きい。

　ひいては、特例法第1条にもいう「**個人の尊厳及び社会連帯の理念に関する認識**」を、学校教育、とりわけ小学校・中学校という義務教育の場に還流させ、「人の心の痛みがわかる人づくり、各人の価値観の相違を認められる心を持った人づくりの実現」(特例法の国会審議における趣旨説明)に、介護等体験の実体験が活かされることが期待されている。

■――――――――――――――資　料

　この法律は、義務教育に従事する教員が個人の尊厳及び社会連帯の理念に関する認識を深めることの重要性にかんがみ、教員としての資質の向上を図り、義務教育の一層の充実を期する観点から、小学校又は中学校の教諭の普通免許状の授与を受けようとする者に、障害者、高齢者等に対する介護、介助、これらの者との交流等の体験を行わせる措置を講ずるため、小学校及び中学校の教諭の普通免許状の授与について教育職員免許法(昭和24年法律第147号)の特例等を定めるものとする。
(「介護等体験特例法」、正式には「小学校及び中学校の教諭の普通免許状授与に係る教育職員免許法の特例等に関する法律」第1条〔趣旨〕)

■参考文献■

1　現代教師養成研究会編著『教師をめざす人の介護等体験ハンドブック』大修館書店、1999
2　『よくわかる社会福祉施設：教員免許志願者のためのガイドブック(改訂新版)』全国社会福祉協議会、2008
3　全国特別支援学校長会編著『フィリア：特別支援学校における介護等体験ガイドブック(新学習指導要領版)』ジアース教育新社、2010

8　総合的な学習の時間（中学校）・総合的な探究の時間（高等学校）

キーワード　探究の見方考え方　横断的・総合的な学習　課題の発見・解決　自己の在り方・生き方

1　総合的な学習／探究の時間とは

　総合的な学習／探究の時間（以下、「総合」と略）は、小学校（3～6学年）、中学校、高等学校（義務教育学校、中等教育学校も含む）に設置されている領域である。平成10年版（高校は平成11年版）学習指導要領で新設された。「目標」、「内容」、この時間の名称などについては、学習指導要領の「目標」や「内容」を踏まえつつ、各学校の教育目標や生徒の特性、地域の特色などを活かして相違ある学習活動を計画・実施することが期待されている。

　「総合」は、「探究的な（探究の）見方・考え方を働かせ、横断的・総合的な学習活動を行うことを通して、自己の（在り方・）生き方を考え（えながらよりよく課題を発見し解決し）ていくための資質・能力を育成すること」（括弧内は高校）を「目標」としている。具体的には、(1)課題解決のために必要な知識及び技能を身につけ、(2)自分で課題を立て、情報を集め、整理・分析して、まとめ・表現することができるようになり、(3)主体的・協力的に取り組み、互いのよさを生かし、積極的に社会に参画する態度が養われることをめざす。

　「総合」は小学校第3学年以上と中学校では年間70時間（中学校第1学年は50時間）、高等学校では卒業までに3～6単位が配当されている。ただし、季節や地域の行事などに合わせて集中的に実施するなど、柔軟で弾力的な実施が認められている。

2　総合的な学習／探究の時間への取り組み

　各学校では「総合」の実施のための「全体計画」を作成し、そこに「①各学校で定める目標」「②育てようとする資質や能力及び態度」「③各学校において定める内容」を記載し、さらにそれらに基づいて「④学習活動」「⑤指導方法」「⑥学習の評価」「⑦指導体制」などについて記載する。

　各学校では、この「全体計画」に基づいて、各学年の「年間指導計画」「単元計画」が作成される。探究を学習活動の方法として、総合的・横断的なテーマを学習活動の課題として、生徒の特性や地域の特色を生かした探究活動が、体験的に協同的に展開されることが期待されている。

　なお総合では地域の素材の教材化、地域の人との交流、地域の活動への参画など、生徒の社会性の発達につながるような経験、あるいは大学などの研究機関や行政機関・企業・NPO法人等の協力を得るなど、生徒の将来の進路選択につながる経験を図ることができる。生徒のキャリア形成を視野に入れて、学習活動が実社会へと広がっていくことを効果的に計画することが望まれる。

3　総合的な学習／探究の時間の重要性

　生徒に決められた知識や方法を習得させるという旧来の学習指導では、21世紀を生きる力を育てることはできない。自ら課題を設定して多様な他者と協同して自ら新しい「知」を構築して課題を達成していく活動に、参加・貢献する「資質・能力」を育成することが必要とされる。

　高等学校では、各教科の学習活動においても「総合」（科目総合的・横断的な学習内容）や「探究」（課題追究の学習活動）に基づいた科目が設定されている。自ら情報を求め、また他者との対話を通じて自らの知識を構築していく学習活動（アクティブ・ラーニング）が要請されている。

　また「総合」では生徒たちそれぞれのよさや得意を見つけて伸ばすという指導力が教師には求められる。その点で「総合」では学習活動を通じてのそれぞれの生徒の個性的な成長が評価される。

　「総合」は、学校の教育課程において各教科の学習活動を改革するための先導的な時間としての位置にある。「総合」の学習活動が充実し、生徒たちに「生きる力を育む」ためには、何よりも指導する教師たちのこの時間の意義についての理解と取り組みへの高い意識に基づく意欲が必要である。教師自身の探究者としての姿勢が問われている。「総合」は21世紀の学校教育推進の要である。

■ 参考文献 ■
文部科学省『今、求められる力を高める総合的な学習の時間の展開』（中学校編、高等学校編がある。文部科学省のHPよりダウンロードできる。）

第 3 章

授業の展開

1 教材研究・指導目標の明確化

キーワード 指導目標　教材研究　学習指導要領　本時　授業計画

1　授業と教材研究

授業とは「教育目的の実現に向けて、具体的な**指導目標**・内容・方法が、教材として構成され、その教材を媒介にして教師と生徒間で相互に展開される教授・学習の過程」ということができる。したがって授業は教師・生徒・教材の3つの構成要素が作用し合って展開されるわけであるが、その授業を豊かなものにしていくために、まず求められてくるのは教師による**教材研究**である。

教師による教材研究では、領域・教科に応じて具体的に指導目標・内容・方法を教材として構成していくことがめざされてくるが、その過程では、次のような観点が重要になる。

(1) 教師としての思い

問われるのは、教師としての授業への思いである。教師として生徒に、授業で何を教えたいのか、生徒に何を学んでほしいのかを明確にしていくことが求められる。教師自身が真摯な教え手・学び手であるならば、教えたい内容や生徒と共に探求したい主題は限りなく広がるはずである。どのような教材でも、それは授業の素材であって、それ自体が授業の質を決定するわけではない。教師の授業へのあり余るほどの思い（創造力・構想力）があって初めて、教材研究は進展していくものである。

(2) 生徒の理解

授業が教師から生徒への一方的なものではなく両者間の双方向的なものであることからも、教師としての思いだけでなく、生徒の発達段階、認知能力・情意能力・感覚運動能力、興味・関心などを十分に理解することは大切である。また授業内容を生徒の日常生活・社会生活と関連したものにしていくためにも、生徒を取り巻く家庭・地域社会・世界の状況を理解し、それらを教材研究に反映させていくことも重要である。

(3) 多様な教材・素材の解釈

授業で活用できる教材・素材は多様である。「教科の主たる教材」としての教科書は教材研究の中心的な位置を占めるが、それ以外にも、教具、多様な出版物、新聞記事、生徒による感想文、文化財、自然環境、生徒の経験、さらには地域の多様な人材などが含まれてくる。これら素材をていねいに解釈し、選択し、教材として構成化していくのである。このように教材研究は、教師の思い、生徒の理解度、そして多様な素材と教材解釈とが総合されて、はじめて具体性を有するようになるのである。

2　指導目標の明確化・学力・教授法

指導目標を設定するには、まず、担当する教科・科目に関し、**学習指導要領**ならびにその解説、さらには教師用指導資料等を参照し、目標（学年別）を把握することである。次に、その学校が設定している学期単位、月単位、週単位の目標について順次理解を深め、最後に、自分が教壇実習を受け持つことになっている授業日時（**本時**）の目標を設定することである。文部科学省による教科・科目別、学年別に記載されている指導目標に到達するための具体的な目標は、学校全体ですなわち担当教師たちの話し合いによって設定される。この目標を授業にどのように展開し、生徒たちにどのようにしたらその目標に提示した内容の理解についての定着化をはかれるかを考え、その授業の指導目標を立案するのは、授業の担当者自身である。「生きる力」など学習指導要領に記載されている目標は、授業との関係が薄いようにみえるかも知れないが、日々の授業はそれに向かって展開される。本時の目標設定にあたっては、それへの接近をはかるべきである。

教壇授業での指導目標の具体化においては、生徒の学力を問い直し、認知目標、情意目標、感覚運動目標、体験目標、達成目標、向上目標といった目標分類で細分化してみるとよい。他方、その目標を展開する際の学習内容と学習活動とのかみ合い方、授業で使用しようとする教育方法・教育技術への目配りが必要であり、指導目標の明確化は、こうした**授業計画**によってこそ達成されるのである。

■ **参考文献** ■

1　井上正明『支援システム論に立つ授業の改善』明治図書出版、1996
2　静岡大学教育学部附属島田中学校『教科の本質・魅力に出会う授業づくり』明治図書出版、1999

2 学習指導案の作成

キーワード　年間指導計画　単元指導計画　学習指導案　単元

1 学習指導案とは何か

　学校での学習活動に際しては、それぞれの教育目標を実現するために、担当教員が年間指導計画および単元指導計画を立案する。その単元の到達目標を明らかにし、そのための教材や指導方法について具体化する。さらに、1回分の授業についての指導目標・指導方法・具体的な展開のプロセス・留意点などを記載したものが学習指導案と呼ばれる。教育実習では、教壇実習に際して必ず作成することになる。

　教育（学習）観によって学習活動案・学習支援案などの名称が用いられる場合もあるので、実習校や指導教諭の指示に従うこと。

2 学習指導案の作成

　学習指導案は一般に、①授業実施日、②実施学級（このあとに学級観・生徒観を記すことが多い）、③単元と単元観（教科書の該当ページを添えることも多い）、④単元の指導計画と本時の位置づけ、⑤本時の指導目標と指導方針、⑥本時の学習活動・授業展開、⑦評価の観点、などの要素から構成される。当該授業の位置づけや目標、展開などについて第三者が一読してわかるよう明快に記載することが必要である。

(1) 当該授業の位置づけを明らかにする

　学習指導上の内容のまとまりを単元と呼ぶ。上記④では単元全体の時数配分を示し、当該授業（本時）がその中でどの位置にあるかを明らかにする。教員がその単元をいかにとらえ、前後の単元とどのように関連させようとしているかという意図をはっきりさせることが重要である。当該授業の目標をあらためて確認することで、授業中の発問・指示などの動作を有効に計画することができる。

(2) 指導目標と評価の観点

　上記⑤は、授業を行うにあたって最も重要な確認事項であり、当該授業における指導目標と、主な指導内容（知識・技能など）を明示するものである。近年では、指導要録における4観点（国語は5観点）評価に沿って指導目標を立てることが多くなっている。授業の見通しを立てにくい教育実習生は知識項目ばかりに目が行きがちだが、4観点に沿って立案することで指導のねらいを立体的に把握することができる。

　⑦評価の観点は⑥の表中に組み入れ、授業展開の中で生徒の学習状況やその成果を評価できるようにする。小中学校に比べ高校は観点別評価の導入がやや遅れていたが、近年では一般的になりつつある。

(3) 教員と生徒の活動を計画する

　上記⑥は、表形式で表現されるのが通例である。授業は一般に、導入（前回の復習やきっかけのための話題を提起して、生徒に当該授業の位置づけを確認させる）、展開（本論部分）、整理（終結・まとめとも　学習内容を整理し確認させる）から構成される。学習指導案では、まずそれらの時間配分を示し、それぞれにおける教員および生徒の活動を計画する。教科ごとに留意すべきこともあるので、本書40～80頁を参照して確認すること。

(4) 作成上の注意

　実習校や指導教諭によっては、学習指導案の様式を定めている場合があるので、それに従う。近年はパソコンやワープロで作成することが一般的である。

　学習指導案の作成にあたっては、指導教諭とよく打ち合わせ、修正を重ねて成案とする。完成稿には、指導教諭と実習生自身の署名・捺印が必要である。教壇実習とくに研究授業にあたっては前日の夕方までに、校長、教頭、教務主任、教科の先生方などに、学習指導案のコピー（自署・捺印）を配付する。

　なお、各都道府県教育センターなどのサイトに多数のサンプルが掲載されているので、書式や項目などについて複数のバリエーションを参照すること。当然ながら授業内容を剽窃することのないよう注意すること。

3 反省と評価：教壇実習を終えて

　教壇実習を終えたら、指導教諭との反省会であらためて学習指導案の内容を確認し、当初の方針をどこまで達成できたかを検討する。生徒の活動や理解がどのように当初の予想と違ったかをとらえ、その原因を考えることが、次回の授業をよりよいものにするために肝要である。作成した指導案は必ず保管し、1部を大学に提出する。

3 生徒の理解度の確認

キーワード　学業不振　完全習得学習　教育目標の達成　魅力ある授業

1 授業がよくわからないことへの不満

　授業を展開する過程で、生徒の授業内容についての理解度を確認することは、指導上もっとも留意すべきことの一つである。

　「学校生活に関する不満」についてたずねたところ、「勉強がよくわからない」とする中学生や、「授業の内容ややり方・進み方のこと」を「不満」とする高校生は、相当数にのぼることを示す調査報告もある。また、11万人を越えて深刻な状態にある「高等学校中途退学」の「理由」の上位を占める「進路変更」や「学校生活・学業不適応」「学業不振」などにも、授業がよく理解できないことが関与しているといわれている。ここには、授業の理解に苦しむ生徒の姿が現れていると同時に、授業を展開するうえで、いかに生徒の理解度の確認が重要であるか、みてとれよう。

2 授業中における生徒の理解度の確認

　通常、授業は、「導入」から「展開」、そして「まとめ」へと進められる。生徒の理解度の確認が求められるのは、一般的に「まとめ」の段階を終えた最終時点であり、いわゆる「生徒評価」としての「総括的評価」がこれに該当する。

　しかし、さきの学校生活における授業理解への不満を思うとき、ただ事後評価的に、授業内容の理解が達成されたか否かを確認するだけでは、不十分といえよう。「完全習得学習」（マスタリー・ラーニング）を提唱したB．S．ブルームは、学習単元の要所ごとに、**教育目標がどの程度達成されたか**を評価し、その結果を授業にフィードバックして、学習内容の完全習得を目指すべきであるとする、いわゆる「形成的評価」の重要性を指摘した。授業の途中において生徒の理解度を確認することは、教える側がもっとも留意すべきものである。

　授業中、生徒がどのようにどの程度まで理解しているか、それを確認するには、論文形式や客観式などのテスト法が最も直接的なものであるが、授業中の「発問」によっても、内容ごとに生徒の理解度の確認を行なうことが可能である。いわゆる質問法は、生徒の理解を確認するのみでなく、発し方により問題解決の方法を広げるなど、判断力や思考力を高めることができるほか、解答を通して、当該生徒のみならず学級全体で知識を共有することも期待できる。生徒が誤った対応を示した時も、授業理解へのきっかけになりうる。また、「机間巡視」を初めとして、個々の生徒を多様な側面から観るさまざまな「観察法」においても、生徒の理解度を確認することは可能である。

3 生徒の理解度と魅力ある授業

　ただ、生徒の理解度を確認するにさいしては、もっと幅広い視点が考えられよう。生徒の理解度を逐一確認することのみを目的とするのではなく、比較の対象を個人内におくか個人間におくか、あるいは基準を絶対的基準で考えるか相対的位置付けで考えるかといった教育評価についても考える必要がある。いずれにせよ、一人ひとりの生徒の理解が深まることを考える基底として、生徒の理解度を確認することが重要となる。

　生徒の授業理解は、**魅力ある授業**が展開されるならば、自然とはぐくまれるものである。その意味で、「学習指導案」の分析や「教育方法」上の工夫は、魅力ある授業の展開につながり、生徒の授業内容についての理解度を高める。授業は学ぶ側と教える側の相互作用である。したがって生徒の理解度の確認は、「授業の展開」のあらゆる側面に帰されるべきものである。

　教育内容の現代化を図り、問題解決学習と系統学習の問題点を補うものとして新たな「発見学習」を唱えたJ．S．ブルーナーは、どの教科でも、知的な性格を重んじ変えることなく、どの発達段階の子どもにもそれらを効果的に教えることが可能であると主張した（『教育の過程』岩波書店　1963）。生徒は必ず理解できるという思いのなかで生徒の授業内容についての理解度の確認に留意しながら、それを「授業の展開」に生かすことが重要である。

■ 参考文献 ■
1　B．S．ブルーム『教育評価法ハンドブック』第一法規出版、1973
2　安彦忠彦『新学力観と基礎学力』明治図書出版、1996

4 学級と学級づくり

キーワード 学級の小規模化　学習指導と生活指導の統一　協同的活動への参加

1　学級

　学級とは学校の教育活動の基本的な単位集団である。学習活動や特別活動などは、多くの場合、学級単位で行われる。学級とは、教師が学習指導及び生活指導を計画的かつ継続的に展開するために組織された、教育活動のための基礎的な単位集団である。学級は、原則として同学年の生徒から編成される(「学校教育法施行規則」第19条)。公立学校の学級規模は40人が適正とされてきたが、「公立義務教育諸学校の学級編成及び教職員定数の標準に関する法律」の改正(2001年3月)により弾力的な編成が認められ、25人から30人の少人数学級編成が可能となった。さらに文部科学省は学級の標準人数を35人へと改め(2010年)、学級の小規模化の実現をめざしている。

2　学級経営

　教師は、学習指導と生活指導との二つの側面において、また、集団指導と個別指導という二つのアプローチによって生徒たちに指導を行う。学級経営とは、学習指導と生活指導を通じて、集団指導または個別指導によって、学級の課題達成機能と集団維持機能を高めることである。つまり、教師の役割は、ⅰ)学習活動や価値ある様々な課題の達成に向けて意欲的に取り組む学習集団に育て、学級の課題達成機能を高めること、ⅱ)相互に尊重しあい民主的でコミュニケーション豊かな人間関係が展開される生活集団に育て、学級の集団維持機能を高めることにある。この点で学習指導と生活指導とを統一的に行うという視点が必要である。また、狭い意味では「学級経営」は担任学級に行われる指導だが、中学校・高等学校では、担任学級だけではなく授業担当学級での学習指導も、ⅰ)、ⅱ)の点を意識して行われなければならない。

3　学級集団

　公教育の使命の一つは、民主主義社会の成員の育成にある。つまり、民主主義社会を維持・発展させる公共的な活動に参加・貢献できる市民の育成にある。学校とは、そのために必要な知識・技能や能力・資質を青少年に習得させる活動が意図的・計画的に展開される場である。J．デューイ(1859－1952)は「学校は小型の共同体、胎芽的な社会」であると述べている。平成20年版「中学校学習指導要領」では、「学級活動」の「目標」の一部が、旧版の「学級や学校生活への適応」から「集団の一員として学級や学校におけるよりよい生活づくりに参画し」と改められた。もちろん学級指導は特別活動だけではなく、学習指導を含めて学校教育全体で行われる。現代の公教育における学校教師には、専門性の一つとして、生徒たちが自らの課題の達成に向けた活動に、コミュニケーション豊かに参加・貢献する集団を構築することが求められる。生徒たちの間に、価値ある課題の達成に向けて意欲的に協同して取り組む関係性を構築し、そのような関係性を学級で機能させ、そのような関係性を通じて生徒たちの学力と生活力を高めることが求められている。そこに公教育における学校教師の専門性が問われている。

4　生育環境の変化と青年期の新たな課題

　少子化と電子ゲームの普及によって、子どもたちには自ら群れて集団で遊びを作り出していくという経験が乏しくなった。現代の中高校生は、携帯電話での電子メールへの応答に神経を使うというように人間関係に過敏となっている。他方、3～4人の同類的な友人以上の集団的な人間関係を形成できない傾向が指摘されている。等質的な狭い閉鎖的な仲間関係しか形成できない。このため学級規模での集団づくりに困難が発生している。体育祭、合唱祭などの学級対抗の行事を通じて学級で団結する経験、あるいは、修学旅行や総合的な学習の時間などでのグループ学習を通じて、多様な仲間と協同する経験などの指導が不可欠となっている。学級における集団的な活動を組織し、それへの参加を通じて貢献を経験させる指導は、現代の教師に課せられている新たな課題である。

参考文献
1　永岡順・奥田真丈編『学級・学年経営』ぎょうせい、1995
2　藤井千春『問題解決学習の授業理論』明治図書出版、2010

5 教育方法の駆使・教具の準備

キーワード 教育方法の自己開発・評価　教具の機能と効果　教具の自作

授業は、生徒の発達や学習状況にあった教育目標と内容のもとに、教師が教具を活用し、教材を媒介として、生徒に働きかけ、学習させていくプロセスである。その過程で用いる教育方法は、固定化・定型化したものではなく、実際の授業場面における生徒の反応を重視しつつ、具体的な認識に基づいて決定される。つまり、得意な教育方法や「カン」・「こつ」という主観的な判断に依存するものではなく、工夫と評価を繰り返し、よりよい方法と教具の開発へ発展させるものと考えることが必要である。

1　授業における教育方法

授業の中で教育方法は、①講義・討論・実験・演習など（教師の指導方法）、②個人・ティームティーチングなど（教授組織）、③一斉集団・小集団・個別など（学習者組織）の3つの面からとらえられる。

実際に行う教育方法は、これら3つの組み合わせであり、教材内容と授業目標を明確にした上で、生徒やクラス、教室設備の状況に合わせ、最適な教育方法を選択する。そこでは、①授業目標の明確化、②授業成果の評価の準備、③学習者の特性の理解、④内容の選択と系統化、⑤授業形態の吟味、⑥教具・教育メディアの選択、⑦授業の実施、⑧授業の評価を考慮する。それぞれの長所・短所を整理し、それを実施するのに必要な教育技術を身につけることが実習生に求められる。

2　教育方法を駆使するために

様々な教育方法とそれに必要な教育技術を使いこなすためには、いろいろな教育方法を実際に試してみることが望ましい。しかし、教育実習にその時間的余裕は無い。指導案作成時もしくは授業後に、異なる教育方法での授業設計を考え、その効果を予想することもできる。なお、別の教科の実習生や教諭の授業を参観することも教育方法の自己開発にとって有益である。

3　教具の準備では

教具とは、一般に黒板、カード、実物、実験装置・キット、電子黒板などを指している。いずれもその機能と効果的な使い方についての解説書は数多く出版されている。ここでは、教育実習の場において教具の準備段階でどのような配慮が必要であるのか紹介する。

黒板の使用については、事前に用意できる数色のチョークで板書し、教室の最後部と窓・廊下側に立ち、文字と線の見え方を自身の目で確かめる。教室照明の状態でも異なることを体験し、適切な文字サイズと色を検討する。なお、板書に要する時間は、予想以上に長いので事前にひととおり板書しておく必要がある。

配布プリントを用いる場合、安易に自作するのでなく、教科書や補助教材、板書との関係でどのような役割をもつのかを十分に検討しておくことが重要である。なお、原稿の段階で実際に書き込み、記入欄の適切さをチェックしておくことは当然である。

実験装置・キットの場合は、その操作を事前に練習しておくことが不可欠である。その際、手に触れている教具や部位、薬品などの名称、動作を声に出して行うと効果的である。また、予備の教具や代替案も事前に考えておくと、授業において余裕ある操作ができる。

このように教師が工夫して教具を自作することは、授業内容を深く理解し、教育の方法と技術についても認識することにつながるものである。時間の許す中で、創意工夫をしてもらいたい。

4　教具の準備からふたたび教育方法へ

本時の授業で選択した教具の準備を終えたあとで再度、授業の目標を確認し、その教具と教育方法が適切であるかについて検討するなど、常に振り返る機会を作ることが、実習中の授業を効果的に活用することになるであろう。

授業実践にとっては、内容と方法、使用する教具は常に一体のものであるということはいうまでもない。授業の内容と必然的関係にない方法や教具、メディアの活用は、思うほど学習効果はあがらず単に教師の好奇心を満たすだけであり、避けなければならない。

参考文献

1　秋田喜代美『教師の言葉とコミュニケーション』教育開発研究所、2010
2　井上智義『視聴覚メディアと教育方法Ver.2』北大路書房、2006

6　ICT活用

キーワード　教科教育の情報化　ICT活用　著作権　個人情報

1　ICT活用

　プロジェクター、電子黒板など情報通信技術（ICT）を応用した教育機器の教室への導入が急速に進み、それらに対応した電子教材も整備されつつある。特に小・中学校では音声や動画などのマルチメディアコンテンツを含む教科書準拠の提示用教材「指導（者）用デジタル教科書」が教科書の出版社によって用意されている場合もある。これらマルチメディア教材は生徒の理解を助けるという研究成果がある反面、板書の代わりに使うときはノートに書き移すための時間を十分にとり、提示する教材の情報量が過多にならないよう学習指導案の作成時に十分検討しておく必要がある。また教育機器や教材の利用が到達目標や授業の方法を大きく変化させるものではないことにも注意する必要がある。

　上記の教材のほか、インターネット上の教材データベースで公開されている電子教材は教科・項目別に整理されており授業での利用に便利である。インターネット上の一般の情報にも有益なものはあるが、真偽を検証する必要があるため、教育実習期間は基本的に用いるべきではない。

2　教材と著作権

　一般の著作物であっても、著作権法第三十五条（巻末付録を参照）により提示ないし配布教材として複製し授業で使用することができる。しかしそれらを電子化しインターネットで公開することは公衆送信権等の侵害となるので行ってはならない。教育の情報化の進展に法制度が対応できておらず、2012年12月現在では他人の著作物を利用した教材を教員間で共有することや、早稲田大学のCourse N@viのように閲覧者がIDとパスワードで授業を受けている生徒に限定されているLMS (Learning Management System) であったとしてもインターネット経由の配布は許されない。文化庁「学校関係者向け著作権の教育情報」などを参考にして教育現場における著作物の教材利用と著作権について理解を深めるとともに、法改正に常に注意を払う必要がある。なお生徒用のドリルやワークブックなどの複製は同法第三十五条一項 ただし書に当たると判断されるので厳に慎むこと。

3　見やすさ・聞きやすさ

　教育機器やメディアが変化しても、見やすさ・聞きやすさが提示教材には必須な条件となる。黒板に字を書くときと同様に、実際にスクリーンや電子黒板上に教材を提示し、文字や図形の大きさ、教室内の照明、日光の影響、音量などが問題ないかを事前にチェックすること。提示教材を自作する場合は、色覚障害を考慮した配色であることや、PCの液晶とプロジェクターの色合いの違いなどに十分配慮して作成すること。

4　個人情報

　氏名、住所、電話番号、テストの成績など、個人と結びつき、個人を認識できる情報はすべて個人情報である。教育実習中に知りえた個人情報は守秘義務にあたり決して外部にだしてはならない。個人の顔が特定できる集合写真をWeb上に掲載し問題となった例もある。個人情報を含むファイルはUSBメモリやノートPCで持ち歩くと紛失や盗難により情報流出につながる可能性があるので実習校外への持ち出しはしてはならない。指導教員の指示によりやむを得ない場合は、自動暗号化機能付きUSBメモリや、十分な強度を持つ暗号化ソフトを用いて十分に安全性を確保すること。当然メール添付などインターネット経由で扱ってはならない。個人情報がネットワーク上に流出した場合は、複製が容易なため回収はほぼ不可能で、被害が大きくなりがちである。過失はもちろんのことハッキングやウイルスなど他人の悪意によるものであっても、流出させた責任を問われることとなる。アンチウイルスソフトが適切に動作してない、ないしはファイル共有ソフトを用いている個人のPCでこれらの情報を扱うことは決してしてはならない。なお個人情報を含むファイルは実習終了後速やかに消去し、残さないこと。

■参考■

1　『学力向上ICT活用指導ハンドブック』コンピューター教育開発センター、2008　http://www.cec.or.jp/monbu/19ict.html
2　学校関係者向け 著作権の教育情報、文化庁　http://www.bunka.go.jp/chosakuken/index_4.html

7 発問・板書内容の準備

キーワード 対話　初発問　主発問

1　授業の展開における発問と板書

　授業において、当日のテーマとなる概念や事実を板書し生徒に聞く、または生徒に発問して答えを求めながらポイントを板書するというように、発問と板書は関連する。事前の教材研究において生徒の理解状況をにらみつつ授業の目標を設定し、それに基づいた発問の作成が必要になる。一つの発問だけでは生徒が答えられない場合もある。いかにアドバイスするのか、複数考えておきたい。板書も学習指導案に位置づけて準備する必要があり、授業のねらいに即して生徒の思考を整理し、授業で何を学んだのか明確にすることが目的である。教師と生徒がいかに対話し関係を築いていくのか、その鍵は発問・板書にかかっており、その周到な準備が求められる。

2　発問の工夫と生徒の答えへの対応

　教師から生徒に発する質問の良し悪しは授業の質を大きく左右する。授業では、教えながら考えさせることが基本である。従ってその授業が何の問題を提起しているか、何をどのような状態で考えさせ学ばせようとしているかを明確にすることが目標になる。個々の発問はその目標に到達するためのもので、授業に先立つ十分な教材研究こそが発問の作成につながる。発問をどのような内容で・どのような形で・どのような順序で行うのかを計画すること、それが学習指導案である。発問を授業の展開に位置づけて組み立てるべく次の点に留意したい。

　発問には、教師と生徒の距離を縮めつつスムーズに授業課題に入る、生徒の予備知識・興味・関心度を確かめ学習の動機づけを行う、生徒自身に考えさせる、質問に答えることで生徒が学習内容を整理・確認して次につなげるという役割がある。生徒の認識が授業の目指す方へ進むには、授業における最初の質問（初発問）、本日の課題に迫っていく発問（主発問）、まとめの発問がポイントになる。①質問と答えの距離が近すぎない。はい・いいえで済む、単語だけ答えて済む、教科書を一見して答えられる類は、生徒に考えさせる点で不十分だろう。しかし生徒が答えやすい質問を用意する配慮は欲しい。②漠然とした質問は避ける。いつ・どこで・だれが・何を・どのようにと組み合わせることで、答えの焦点を定めやすくする。③質問に対する多様な答えを予想しておくと、柔軟に対応できるし、生徒にゆさぶりをかけられる。生徒の可能性を期待して答えをできるだけ待とう。思わぬ反応もあろうが、落ち着いて受けとめる。それは全くの予想外か、授業と関係しているか。なぜ生徒はそのように考えたのか、問うたのか。それを教師対一生徒のやり取りでなく、クラスの多様な意見交換につなげたい。

3　板書の効果的な使い方—準備・意識化・対話—

　板書は、授業内容に関する生徒の反応を集約する、理解を助ける、学習内容の認識を容易にするといった点で重要な手段である。板書について留意すべきは、①板書を学習指導案の中に具体的に位置づけ準備する。いつ・どこで・何を・どのように板書するのか、授業の展開に即して計画する。授業終了時に、黒板に整理されたものから本時の授業内容が再現されるのが理想的である。思いつきで板書をしない。②板書は適度な量でポイントをおさえること。板書が多すぎると生徒は書き写すことに必死になり、内容について考えるゆとりが失われる一方、少なすぎると生徒は授業内容の理解に苦しみ、時には授業への集中を欠くことになる。何を伝えたいのか、生徒にどう意識させるか、そのためには板書をいかに活かすか。③生徒とのコミュニケーションを大切にすること。板書の際に教師は生徒に背を向けがちになるので、できるかぎり生徒の方に顔を向け、黒板の字が見えづらくないか声をかけるなどする。教師が板書している時に、生徒がそれをただ書き写すことを避けるべく、説明の際には生徒に顔をあげさせて黒板の内容に注目させ、その後に板書する時間を設けるなど、教授法上の工夫が必要である。

■**参考文献**■

池田稔・酒井豊・野里房代・宇井治郎編著『教育実習総説』（第2版）学文社、2002

8 机間指導・ノート指導

キーワード 机間指導　理解度の把握　個別指導

1　机間指導

　授業のときに基本的な位置を決めることは大切である。教師が話をするときに、教室をうろうろすると、聞く方も落ち着かない。ただし**机間指導**を適切に用いることは、学習の効果を高める。机間指導は、中学ではより必要と考えられる。

(1) 机間指導の意義
　①生徒の**理解度の把握**ができる。教室では生徒が同じ授業を受けているが、その理解度はバラバラである。机間指導によって生徒がどれだけ授業内容を理解しているかを把握し、授業の立て直しを図ることができる。
　②**個別指導**が可能になる。机間指導によって、一対一の指導ができ、一斉授業で不足している点を補うことができる。
　③グループで作業や話し合いをする場合、グループ学習の状況を観察しながら指導できる。
　④クラス全体の様子を把握できる。このことは学校生活全体の把握につながる。

(2) 机間指導の留意点
　①机間指導をいつ、どこの場面でやるのかをきちんと考える。机間指導が多すぎると、生徒が個々の指示待ちをする場合も生まれ、騒がしくなることにつながる。
　②明確に指示を与えた上で行動に移す。指示がきちんとできていないうちに教員が歩き始めると、生徒は何をやるのかがよくわからず、教員の動きばかりが気になり、ざわつくことになる。
　③生徒の学習や作業の進行を妨げないようにする。個別指導にあたっても他の生徒の学習を妨げないように、声の大きさにも配慮する。
　④学習が遅れがちな生徒に目配りする。いつもより集中力が無い生徒には、声をかけたり具体的な指示を出したりする。短い時間で生徒の様子をキャッチできることがポイントである。
　⑤できるだけ多くの生徒に目配りをし、個別指導が特定の生徒だけに偏らないようにする。また途中で、全体に注意を与えた方が良い場合には、注目させ説明を行う。

2　ノート指導

　学習において書くことは、基礎的な作業である。生徒がしっかりノートを書けるように指導するのは、重要と考えられる。

(1) ノート指導の意義
　①ノートをとることで学習したことの定着に役立ち、また思考を深めることができる。
　②学習した成果を自分で確かめ、そのことで学習意欲をさらに駆り立てる効果が期待できる。

(2) ノート指導の留意点
　①ノートをとることを習慣化するように指導する。特に中学の場合、ノート指導を丁寧に行い、どのようなノートが適切か、いかにノートに記入するかなどを最初にきちんと指導することが望ましい。高校では生徒が自由なスタイルでノートをとることが多い。
　②教員が板書したことを正確にノートさせるやり方がよく見られる。中学校ではこのスタイルが多い。しかし、板書内容をまる写しにするのではなく、教員の言葉、あるいは討論時のクラスメートの言葉の要点を拾ってメモをとるように指導する（特に高校）。
　③科目、教材や学習形態によってノートのとり方は多様である。また教師の指導によってもずいぶん異なる。教師がいくつかのパターンを工夫して、適宜指示するのもよいし、一定の取り方を習慣づけるのも学習効果を上げる。
　④できればノートを点検することが望ましい。またコメントの記入は労力と時間がかかるものの、学習効果がある。ノートの点検は、生徒とのコミュニケーションの円滑化という効果も期待できる。
　⑤実習生がノート指導を行う際には、生徒の混乱を引き起こさないために、指導教諭の指示を受けるようにする。また教育実習生が点検しようとする場合には、指導教諭の許可を得る必要がある。

◤参考文献◢
1　小松喬生、次山信男編著『教育実習を成功させよう』一ツ橋書店、2008
2　柴田義松、木内剛編著『教育実習ハンドブック』（改訂版）学文社、2011

9　教育評価（生徒評価）／実習生の自己評価

キーワード　評価の3段階　事前的評価　形成的評価　総括的評価　授業評価

　教育評価は、教育活動を評価することである。すなわち教育活動が学習者（個人、集団）にどのような変化を及ぼしたのかを客観的に把握することである。特に、教育では、学習者が目標にどの程度到達したのかという結果だけでなく、学習者がどのように考え、行動しているのかを捉える視点も重視される。つまり、「生徒の学習成果をどのようにとらえ、評価するか」だけでなく、「評価によって生徒の行動を変え、行動の変化に応じて評価を変える」という考え方も重要である。学習者の行動の変化を捉えるために、一般に、教育活動における評価は、次の3段階に分けられる。

1　事前的評価

　ある教育活動を始める前に、学習者の状況を把握することは、事前的評価（preliminary evaluation）と呼ばれる（診断的評価とも呼ばれる場合もある）。例えば、ある単元の学習にあたり、担当するクラスの生徒がどのような予備知識、技能、興味・関心などをもっているのかを把握することを目的としたものである。これによって目標設定、教材作成、教育手段の選択などが検討でき、予定する教育活動をより適切に行う方法を考えることができる。

　教育実習において一般に事前的評価を実施することは困難であるが、学習指導案における「生徒観」の項目に記載する内容がこれに相当する。学級の雰囲気や授業態度等のほか、本時の学習内容に至るための既習学習の内容と定着度、場合によっては生徒の生活体験上の予備知識も含まれる。

2　形成的評価

　教育活動の途中に行うのが形成的評価（formative evaluaion）である。例えば単元の学習指導の途中で、学習内容の理解や技能習得、興味・関心など学習状況を確認し、指導計画や教材の適切性などを修正するために行う。授業中の小テストが代表的なものであるが、課題シートを用いることもある。これにより、学習者のつまづきの発見など学習進度の把握して、次の指導を修正することができる。

　学校では年間指導計画について年度途中、この観点でカリキュラムの修正が行われることがある。

3　総括的評価

　単元や学期、学年末という教育活動が終了した時点で行われる評価は、総括的評価（summative evaluation）と呼ばれる。目的は教育目標がどの程度達成されているかを問うことである。

　この時、学習の成果を目標に準じて評価すると目標準拠となる。特に、目標に対する到達度を判定するものは到達度評価と呼ぶ。学力テストなどの評価はこれに当たる。教育活動においては、これで完了とするのではなく、総括的評価をふまえた教育方法の改善などに取り組むことが重要である。

　以上のように教育活動における評価を考えるときには、この3段階の評価の考え方を参考にして、何をしようとして（目標）、どうしたのか（方法、過程）、それによって、どのような状態や結果がもたらされたのか（結果）を明確にしていくことを常に意識しておくことが大切である。また、近年、ポートフォリオ評価、パフォーマンス評価、ルーブリックなど教育活動における新しい評価方法の実践報告も多く、教師は研究的な姿勢で望むことが求められる。

4　授業力の評価

　教育実習生は自分の授業力についてこの3段階の評価を試みることが望ましい。事前練習などで自分の授業力、たとえば説明と板書、発問と指示、生徒観察などの教授行動について状態を自分でチェックしておき、授業の直後に振り返り、次の授業で改善できるものに取り組むことを繰り返し、最後の研究授業に臨むとよいでしょう。自分の授業をビデオカメラによる録画または、ICレコーダで録音する機会が得られれば、それを視聴することで自分の改善点と改善の成果を具体的に知ることもできるでしょう。実習期間に自身の授業力を3段階で評価してみてはどうでしょう。

■参考文献■
1　東洋・梅本堯夫・芝祐順・梶田叡一編『現代教育評価事典』金子書房、1988
2　藤田恵璽編『学習評価と実践研究』金子書房、1995
3　西岡加名恵・田中耕治『活用する力を育てる授業と評価：パフォーマンス課題とルーブリックの提案』学事出版、2009

第 4 章

教育実習の心得

教育実習の心得

　教育実習にあたっては、実習校との打ち合わせを事前に必ず行い、以下の諸点についても当該校の方針や見解を求め、迷惑をかけたりすることなく、かけがえのない職務経験を積むようにすること。

1. 本マニュアルの第1章～第3章を熟読し、実習への具体的準備をしておく。
2. 開始に先立ち、実習校の校訓や教育方針(目標)の意味合いをたずねておくと同時に、当該校の史的変遷や実績面について理解しておくこと。
3. 観察と参加については、実習校の指示・見解を尊重しつつ、積極的に行うこと。
4. 打ち合わせ日以前に実習校と連絡をとり使用教科書を入手し、自分が担当する単元や主題を確認し、十分に予習をしておくこと。事前予習としては、学習指導要領ならびに教科別解説書を参照することが望まれる。くれぐれも実習校の指導・助言を仰ぐこと。
5. 実習校が作成している年間指導計画、学期指導計画、月間指導計画、週間指導計画を参照し、自分が担当する範囲の位置、生徒の既得知識の程度を把握しておく。

第1部　勤務上の心得

1　勤務ならびに出勤について

1. 教育実習生 student teacher（以下、実習生）は、実習校の諸規程にしたがい、校長・教頭・副校長・教科担当指導教諭および実習生担当指導教諭（以下、指導教諭）の助言・指示のもとに教育実習を行う。
2. 実習生は実習校教職員に準じて勤務すること。すなわち、登校は始業30分前までにするのが望ましい。また、勤務中はすべての面において時間厳守を旨とすること。
　　実習期間中における事前の遅刻・早退の届け出はあるべきでない。実習期間中、勤務日については無欠勤とする。**就職活動を理由に欠勤・遅刻・早退するような行為は許可されず、それを優先するような者は、教育実習を当初より辞退すること。**万一、急病や事故などによってやむなく遅刻・早退等をしなければならない事態に陥ったときは、即刻に指導教諭に連絡を入れ、校長・教頭ないし副校長に許可を願い出ると共に、欠勤届提出等の事後処理をする。
3. 実習期間前から体調を整えておき、実習には万全の体制で望むようにする。実習中は、緊張と疲労が重なり身体的不調を来たしやすいので、十分な自己管理をすることが大切である。朝食抜きで勤務に望むことは避ける。
4. 出勤した際に、職員室で（教頭または副校長の机上などにある）出勤簿に捺印する（**印鑑持参**）。
5. 授業開始前に教務・学年関係の黒板を見て日程の再確認を行い、指導教諭との打合せに臨み、伝達・依頼事項を受諾し、担任の学級を一巡して学習環境の万全を期す。

2　服装・礼儀について

1. 勤務者としてはもちろん、常に生徒全体の注視を受ける立場にあることを自覚し、服装・髪形などには自分の好みを通すことなく、教育実習生としてふさわしいものとなるように気を配ること。ピアス・イヤリング、派手な色合いの服装やレジャー向きのラフな恰好は避ける。

2．所作・礼儀・言動については日頃の学生流儀を改め、礼儀正しく対応する。とりわけ挨拶は、職場においては基本的なマナーであるから率先してしっかりと行う。

教職員に対する挨拶や謝意の表現、授業開始と終了時の生徒たちとの挨拶応答、授業中の言葉づかい、などについて十分に意を用いる。

生徒指導にあたっては、過度に丁寧な言葉づかいをするのはおかしいが、馴れ馴れしい言い方や見下したような横柄な物言いであってはならない。

3．実習校によっては校舎内に靴のまま入れない場合がある。その際は、機敏に行動ができるように足元のしっかりした上履きを用意すること。学校の来賓用スリッパの使用は厳禁とする。

3　特に注意すること

1．実習校で知り得た教員（他の実習生含む）や生徒等の個人情報にかかわる事実・内容については、守秘義務を厳守すること（個人情報の保護に関する法律（平成十五年））。生徒の名簿等を提供された場合は、取扱いには細心の注意を払い、決して紛失などしてはならない。実習終了時に学校へ返却すること。

2．実習中はもとより実習後も、自宅の電話番号、携帯電話番号ならびにメールアドレスを、生徒に決して教えないこと。また、生徒からそれらの情報を得ないこと。ソーシャルネットワーキングサービス（Twitter, Facebook, LINE）などを用いて、教育実習活動の模様などを流すことは厳に慎むこと。

3．実習中はもとより実習後も、生徒を校外に誘ったり、個人的に付き合ったり、生徒の家を訪れたりすることは厳に慎むこと。

4．実習校の生徒に対して、ハラスメント（セクシュアルハラスメント、アカデミックハラスメント、パワーハラスメント）につながる言動は厳に慎むこと。

また、自らが実習校においてハラスメントに該当する被害を受けたと思われる場合は、速やかに大学（教職支援係（03-3232-3599）、「教育実習演習」担当教員、ハラスメント防止委員会（03-5286-9824）のいずれか）に連絡を入れること。

5．2007年の大学生における麻疹（はしか）（法定伝染病）の蔓延から、実習校は、教育実習生に対して麻疹の抗体を有していることを義務づけている。大学側も、そのための抗体検査受診を呼びかけ、抗体をもたない学生にはワクチン接種を勧告し、これに応じない学生には教育実習ならびに介護等体験を認めない方針をとっている。

抗体を有しているのは、幼児期に麻疹に感染した場合か、二度の予防接種を受けている場合である。これ以外で抗体の有無が曖昧な場合は、実習にあたり、可及的速やかに最寄りの医療機関で麻疹の抗体検査を、結果によってはワクチン接種を受けることが必須となる。

※早稲田大学保健センターHP参照、TEL：03-5286-9800（保健管理室）

新型インフルエンザ等の学校伝染病の感染期にあたっても慎重な対応が必要となるので、教職課程に問い合わせること（上記4のTEL参照）。

6．健康増進法の制定により、受動喫煙防止の観点からも、大半の学校では全面禁煙の措置がとられている。したがって、喫煙については実習校の決まりに従うこと。

7．校長や担当教諭の許可なくして、生徒たちなどの写真撮影をしてはならない。

8．通勤は原則として公共交通機関を使用すること。やむをえず自動車、バイク、自転車で通勤する場合は、事前に必ず実習校の許可を得ること。

9．実習校で、パソコン、コピー機等の備品を使用する場合は、事前に使用の可否・方法を尋ねること。

10. 不意の自然災害や不審者侵入などの人災が発生した場合、実習生はいかなる行動や対応を取るべきか、事前にうかがっておくこと。

第2部　実習遂行上の心得

1　授業参観について

1. 教壇実習(授業実践)に入る前に、さらに入ってからは並行させて多くの教諭の授業を参観し、研究を重ねること。授業参観については必ず記録をとること。
2. 自分の担当教科(または科目)の授業に限定することなく、また特定の学年・学級に限定することなく幅広く参観し、授業展開や教授法を学びとること。オールラウンドな授業参観スケジュールを当初に立てること。
3. 参観希望の教科(または科目)の担当教諭には、あらかじめ「○日の○時限の授業を参観させていただいてよろしいでしょうか」と許可を求め、承認を得たうえで参観するのであり、勝手に教室に入ってはいけない。
4. 原則として授業中は教室の後ろに立っている。たとえ椅子を用意していただいている場合も座りっぱなしでは適切な観察にならない。気づいた点をメモに取り、自分の教壇実習の際の参考とする。授業に口をはさんだり、生徒の邪魔になるような動きのある行動はしないこと。
5. 授業終了後は、廊下または職員室にて、直ちに担当教諭に謝意を申し述べること。

2　教壇実習(授業実践)

1. 授業を実践するにあたっては、担当学年や担当学級の当該教科(または科目)の指導計画に離反したりしないよう、教科書を中心にして指導教諭とよく打ち合わせをし、そのうえで自分なりに工夫してみる。
   a. 綿密な予習と内容の把握。教材準備(配布資料を含む)
   b. 生徒の理解度の把握(授業参観中にも把握できる)
   c. クラスや生徒状況の認知(授業参観、学活、ホームルームの時間、学級経営時などに把握できる)
2. 「学習指導案」の作成
   a. 本書の第3章の2ならびに第5章の扉と5章全体を参照のこと。
   b. 授業前日の夕方までに「学習指導案」を作成し、必要部数をコピーしておく。その際、必ず指導教諭の助言を受け、出来上がりまでチェックを受ける。
   c. 授業展開にあたって必要な教材、教具の準備と点検を十分に行う。
3. 授業展開について
   a. 学習内容の正確な把握と展開
   b. 主要項目・単語についての十分にして簡潔な説明と、生徒に理解させる能力の錬磨(学習内容上の指導目標、ポイント、授業のヤマ場に留意)
   c. 教科書等の教材、教具の効果的な活用
   d. 一部の生徒に片寄らない生徒全体への目配り、生徒の実態に即した指導方法(個人個人への目配り、授業の水準をどこにおくか：高過ぎても低過ぎてもいけない、授業の妨害的行為をする生徒への適宜な対応、発問の相手選択と間の取り方)

  e．板書内容の準備。板書に終始する授業は不適切である（生きた授業とは何か、の問題意識をもつこと）。生徒に対して板書内容の書き写しの時間を案配するような工夫。
  f．机間指導の活用（一斉授業のなかでの個別指導の機会の捻出。必ず行うというわけではない）
  g．次回授業への展望・連絡をつける工夫と、家庭における学習（予習・復習・宿題等）の適切性への配慮
  h．結果についての評価（生徒の理解度の確認、例えば、質問提起や小テストの実施）
  i．第三者（指導教諭や同僚の実習生）による評価への対応と、次回授業の改善・工夫

3　生徒指導（生活指導）について

1．学校ごとに指導重点項目が定められているので、校長、教頭（または副校長）、生徒指導主事、指導教諭の指示のもと、その推進をはかるように努める。主要な指導重点項目として以下がある。
  a．A校の場合
   ○自主・自立　○責任感　○実践力　○奉仕の精神　○情操の教育
  b．文部科学省による最近の教育改革との関連から
   ○共に生きる　○生きる力　○心の教育　○生命の尊重　○確かな学力
2．校則や生徒心得あるいは学校のきまり（含クラスのルール）を理解し、生徒たちの生活態度が乱れないように注意する。そのためには、実習生自身が生徒の模範たるにふさわしい勤務態度、言動を保持すること。さらに、生徒たちのからかいなどに気力負けして実習を中断することなどのないように、実習前から大人としての気構えを持つよう心掛けること。
3．生徒たちが善悪の判断ができ、責任ある行動がなせるように、指導のあり方を考えてみる。
  生徒のささいな問題にも注意を払い、問題が大きくならないうちに指導教諭に相談すること。
4．いかなる場合も体罰をしてはいけない（学校教育法第11条）。体罰と懲戒の違いをふまえつつ、冷静に対応する。
5．生徒間にいじめ、暴力行為が発生した場合は、先ず学級担任教諭に連絡する。実習生は専断で事を運ばないこと。

4　道徳の指導（中学校実習の場合）について

  中学校の教育実習の場合は、週に1時間「道徳の時間」があり、主として学級担任がこれを受けもつ。授業を依頼された場合には、本来の学級担任教諭とよく相談し、授業計画にのっとった適切なテーマを選び、自己の思い出話しなどの安易な話題で済ませたりしないこと。

5　総合的な学習の時間（総合的学習）について

  「総合的な学習の時間」が実習期間中に実施される場合には、いかなるテーマ設定と内容構成がなされ、どのように展開されるのかをよく学びとること。また、参加・協力できる場面があれば積極的に応じること。

6　学級経営について

1．担任教諭の仕事を分担させてもらい、明るく積極的に働く。
2．学級の実態を把握するとともに、個々の生徒への理解を深めるように努める。

3．1日も早く、生徒一人ひとりの顔と名前を覚えるように努力する。生徒への声かけは、名前を呼んで行う。
4．学級の諸活動を理解し、その指導、監督にあたる。
5．教室、校舎の環境の整備に留意し、生徒にも自主的な参加協力を求める。
6．学級運営上の事務については、本来の担任教諭と連絡をとりながらまっとうする（学級日誌の点検指導など）。

7　特別活動、課外活動について

1．特別活動（学校行事など）、課外活動にも積極的に参加して、実習の効果をあげるようにする。
2．課外活動や部活の指導を依頼された場合は（打ち合わせの際に判明）、できる限り引き受ける。その場合、運動靴や運動着を持参する。

8　研究授業について

1．実習校は、実習終了日に近づいた頃に、原則として研究授業の日程を設ける。実施日および対象学級については、指導教諭と相談して決定すること。研究授業終了後に反省会（総合論評の会）が行われるのが通例である。校長、教頭、副校長、主幹や諸教諭の意見を傾聴し、記録を取り、指摘された点は後日への教訓とすること（92頁参照）。
2．東京都内の公立中学校・高等学校で実習を行う場合に限り、早稲田大学の協力教員が定められる。これについては4月末頃に教職課程掲示板に掲示される。原則として、これに該当する実習生は、担当の協力教員から事前面談の知らせが届くので、速やかに指定の日時に伺うこと。なお、教育学部事務所教職支援係から日程、面談などの連絡が入る場合もある。

9　実習終了日のこと

1．実習を終了するにあたっては、公的な場所で実習生代表が御礼の言葉を述べる機会があるが、これとは別に、実習生個人として、指導をいただいた先生方一人ひとりに謝意を表すること。

実習終了後、実習校の校長、教頭（副校長）、指導教諭など、指導にあたってくださった先生方に礼状を出すこと。

第 5 章

学習指導案の作成

　　学習指導案の作成にあたっては、以下に留意すること。
1. 先ずは、25頁の第3章の2「学習指導案の作成」と、78頁の「評価規準」の解説をよく読むこと。
2. 実習校で、学習指導案の独自のフォーマットを用意している場合は、そのフォーマットを使用すること。私立学校の場合、用意している場合がある。
3. この第5章には、いくつもの教科・科目(道徳などは領域)の学習指導案が掲載されている。自分が教える教科・科目にこだわらず、多くの指導案の相違を柔軟に受けとめ、大いに参考として学習指導案を作成すること。
4. 本書の今次改訂にあたり、「評価規準」を取り入れた学習指導案に一新した。「評価規準」の取り込みについては、単元の「評価規準」を記載している場合もあり、指導案の中の「本時の展開」(表図)の右側の縦列にその授業のみの「評価規準」を数点記載している場合もある。実習にあたり、単元全体を受け持たせてもらえない場合もあるので、後者の書き方でも支障はない。わかりにくい場合は、指導教諭と相談の上、指示に従うこと。
5. 76～77頁に示す「学習指導案」は、単元の「評価規準」を別記した本格的な学習指導案である。現時点では、このタイプの学習指導案を求める実習校は少ないと推測されるが、都道府県の教員採用試験にチャレンジする方は、大いに参考としてほしい。
6. 用紙については、パソコンを使ってＡ4で作成し、左右に並べてＡ3とするのが一般的であるが、Ｂ4(左右)や、Ａ4一枚ものもある。素案の段階で必ず指導教諭に見てもらい、チェックを受けること。
　　できあがったならば、右上に自分の捺印をし、指導教諭の捺印もお願いする。
7. 授業を重ねる毎に学習指導案に改良を加え、効果ある授業展開(生徒においてその日の授業の指導目標が達せられていること)をめざすこと。

> もっともよい授業ができたと思われる日の学習指導案(1部)を、本マニュアルの後ろの表紙の内側に添付する。必ず貼っておくこと。教育実習の成績評価の対象となることはもとより、人生のよき思い出になります。

中学校　国語学習指導案

指導教諭　〇〇　〇〇先生　印
早稲田大学教育実習生　〇〇　〇〇　　印

1. 日　　時　〇〇〇〇(平成〇〇)年〇〇月〇〇日(〇曜日)第〇校時
2. 対象学級　〇〇〇立〇〇中学校　第〇学年〇組(男子〇〇名、女子〇〇名、計〇〇名)
3. 単 元 名　理解力1　的確に読み解く
   (教材名)　「空中ブランコ乗りのキキ」(6時間配当)教科書『中学生の国語 一年』(三省堂)
4. 単元の指導目標
   (1) 文章を読んで、人物、事件、背景の特徴をとらえる。
   (2) 会話や描写を通して、登場人物の性格や心情を読み取る。
   (3) 場面ごとに、主人公の心情の推移を的確に読み取る。
   (4) 比喩などの表現上の特色に注意して文章を読み、その効果を理解する。
   (5) 感想を交流して多様な読み方があることを知り、思いや考えを深める。
5. 単元の評価規準

【関】国語への関心・意欲・態度	【話・聞】話す・聞く能力	【書】書く能力	【読】読む能力	【知】言語についての知識・理解・技能
国語に対する関心を持ち、進んで話し合ったり書いたり、物語に親しんだりしようとしている。	学習課題に対して自分の考えを持ち、筋道を立てて話したり、指導者や他の学習者の話の内容を的確に聞き取ったりしている。	学習課題に即して自分の考えをまとめ、叙述の仕方などを確かめて、読みやすく分かりやすい文章を書いている。	物語を読み、文章の構成や展開をとらえて内容を的確に理解し、自分のものの見方や考え方を広くしている。	音声、語句、語彙、文法、漢字などの国語に関する基礎的な事項や国語の特質について理解し、知識を身につけている。

6. 指 導 観
   (1) 単元観
      文章の構成や展開、登場人物の心情の移り変わりをとらえさせるとともに、作品に描かれているものの見方や考え方を通して、学習者のものの見方や考え方を広くさせる。
   (2) 学習者観
      主体的に考えようとせず、受動的な姿勢の学習者が多いことから、他の学習者の感じ方や考え方を積極的に取り入れて、自身の読みを深めるような学習態度の育成を心がける。
   (3) 教材観
      学習者にとって読みやすく、親しみやすい内容で、物語文の基本的な読み方の学習を展開することができる。授業では教科書のほかに、指導者が作成したワークシートを用いる。

7. 単元の指導計画と評価計画(6時間扱い)

時	学習内容	学習活動	評価計画(評価方法)
1	全文通読と感想・問題意識の整理。	1 全文を通読して、感想(感じたこと)や問題意識(考えてみたいこと)をまとめる。 2 新出漢字の読み方を確認する。 3 重要な語句について、意味を調べる。	【関】自分なりの感想や問題意識をまとめている。(ノート) 【知】新出漢字の読み方、語句の意味を調べ、理解している。(ワークシート)
2	人物・事件・背景の把握。	1 登場人物を抜き出し、それぞれについての情報をまとめる。 2 主な出来事について、整理する。 3 作品の背景を読み取る。	【聞】友人の意見を聞き取り、自分の意見と照らし合わせている。(観察) 【読】人物・事件・背景をまとめている。(ワークシート)
3	主人公の心情の推移について、場面ごとの整理。	1 いくつかの場面に区切って、キキの心情の変化を中心に整理する。	【読】物語の展開をとらえ、人物の心情とその変化について考えを深めようとしている。(観察)
4	前時の続き。	1 区切ったそれぞれの場面ごとに、キキの心情の推移を整理する。	【関】キキの心情を読み取り、想像できている。(ワークシート)

第5章　学習指導案の作成　41

5 本時	四回宙返りを決意して実行した主人公と、周囲の人々の様子の読み取り。	1 四回宙返りを決意したときのキキと、周囲の人々の様子を話し合う。(発表) 2 四回宙返りが成功した後、キキがどうなったのか話し合う。(グループ学習)	【読】四回宙返りに対するキキの思いが、表現に即して読み取れる。(観察) 【関】。四回宙返りをした後のキキの様子について、話し合ったことをまとめる。(ワークシート)
6	まとめと発展学習。	1 これまでの学習を振り返り、キキの生き方について考えたことをまとめる。	【関】キキの生き方について、感想を持つことができる。(ワークシート) 【書】自分の考えをわかりやすく表現している。(ワークシート)

8．指導にあたっての工夫等

(1) 授業形態

　授業中に学習者の考え方を引き出すとともに、一斉授業の中に一部グループ学習を取り入れる。

(2) 指導方法

　考えたことを発表したり、他の学習者の意見を聞いたりして、自分の考えをより深められるように工夫する。

(3) 教　材

　教科書教材に加えて、「研究の手引き」(授業の進め方と学習方法をまとめたもの)と「授業レポート」(ワークシート)を作成し、学習者に配布したうえで効果的な授業展開を目指す。

9．本時の指導計画（6時間中5時間目）

(1) 指導目標

　四回宙返りを決意し実行するキキと周りの人々の様子を、表現に注意して読み取る。

(2) 指導計画

時間配分	学習内容	学習活動	指導上の留意点・評価規準
導入(5分)	前時までの復習。	1 キキとおばあさんの会話から、四回宙返りを決意したことを確認する。	【話・聞】前時までに学習したことを整理して話す。
展開(40分)	四回宙返りにいどむキキと、周囲の人々の様子を読み取る。	2 キキとピピの宙返りに関する町の人々の反応を、文章の叙述に即して整理する。 3 人々の関心が難度の高い芸に集まることと、キキが四回宙返りを決意したこととのつながりを理解する。	・特に発言の機会が少ない学習者に指名する(比較的発言しやすい個所である)。 【読】キキと周囲の人々の様子が、しっかりと読み取れている。(観察)
	四回宙返りに挑んだキキの様子を、比喩に注意して読み取る。	4 次のような比喩に注意して、キキの様子を読み取る。 ・白鳥のように ・天に昇ってゆく白い魂のように ・世界全体がゆっくり揺れているように ・大きな白い鳥が滑らかに空を滑るように ・水から跳びあがるお魚のように	・ワークシートを用意して、考えをまとめる。 ・学習者相互の意見交換を促す。 【書】比喩を理解し、読み取ったことを整理して書くことができる。(ワークシート)
	四回宙返りが成功した後の情景を想像する。	5 四回宙返りが成功した後の人々の反応と、キキの様子について考える。 6 「白い大きな鳥」とキキとの関係を考え、結末に注意して、感想を交流する。	・人々の喜びと、「でも」という逆接で結ばれるキキとを対比させる。 【話・聞】人の話を聞いて、読み取ったことをさらに深める。
まとめ(5分)	本時の学習内容を整理する。	7 キキの心情の推移について整理する。 8 表現上の特色について整理する。	・興味を持って次の学習につなげるように配慮する。 【関】仲間の意見から新たな発見をして、さらに考えを交流し、関心を育てる。

10　本時の指導の評価

(1) 内容・表現の両面から、教材を効果的に活かすことができたか。

(2) 学習者に考えさせる際、その理解度に応じて適切な発問が工夫できたか。

(3) 主人公の心情について、表現に即して具体的に指導することができたか。

《注意》

1　学習指導案の書き方は多様である。事前に指導教諭と、どのように書くのかをよく相談すること。

2　国語科の学習指導案には、縦書き・横書きの両方の形式がある。

3　この中の5、6、8、10などの項目は、省略する場合もある。

中学校　社会(公民的分野)学習指導案

指導教諭　〇〇　〇〇先生　印
早稲田大学教育実習生　〇〇　〇〇　　印

1. 日　　時　〇〇〇〇年〇〇月〇〇日(〇曜日)第〇校時　〇〇時〇〇分〜〇〇時〇〇分(50分)

2. 対象学年　〇〇〇中学校　第〇学年〇組(男子〇〇名、女子〇〇名、計〇〇名)

3. 単 元 名　個人と社会生活

4. 使用教科書　堀尾輝久ほか『わたしたちの中学社会　公民的分野』日本書籍新社

5. 学級・生徒観
   活発な生徒が多く、自分の意見を述べることができるが、じっくり落ち着いて考えることが苦手な面もみられる。

6. 単 元 観
   家族、学校、地域社会などの機能を学ぶことを通して、徐々に社会的な空間を広げ、人間と社会とのかかわりについて考察を深めることを目的とする。個人の尊重や両性の本質的平等の重要性に気付くとともに、共生社会を実現するためのルールや法の役割についても理解を深められるように学習内容を構成する。

7. 単元の指導目標
   〇家族、学校、地域社会の機能を理解し、自身と社会との関わりについて関心をもたせる。
   〇共に生きる社会を実現するためにルールや法が果たす役割について考えさせる。

8. 単元の指導計画(4時間扱い)　※[ ]内は配当時間
   (1) 仲間と学びあう共同体としての学校　[1]　　(2) 生活舞台としての地域社会　[1]
   (3) 社会生活と個人のかかわり　　　　　[1]　　(4) 共に生きる社会をめざして　[1]・・・・本時

9. 本時の指導目標
   〇共に生きる社会をめざし、女性の雇用問題に関心を持つことができる。〈関心・意欲〉
   〇女性の雇用条件の改善に向け、問題の所在を明らかにし改善策を考えることができる。〈思考・判断〉
   〇雇用に関するデータを読み取り、女性労働の現状を分析し、意見を述べることができる。〈技能・表現〉
   〇女性の雇用の現状について理解し、何が問題となっているかを把握できる。〈知識・理解〉

10. 事前準備・配布資料
    〇女性の雇用に関わるワークシートを配布する。なお、ワークシート内には、事例・問い・参照法律条文とともに、「女たちの10年戦争」『プロジェクトＸ　6』日本放送出版協会の一部を引用することとする。

11. 本時の指導計画

指導過程	学習内容	指導内容・生徒の学習活動	指導上の留意点／評価の観点

第5章　学習指導案の作成

導入 10分	職場における男女平等 ・女性に適用される結婚退職制は認められるか	〈問い〉「男は仕事、女は家庭」という考えをどう思う？ ○予想される生徒の反応－「昔からそうなっている」(性別役割分業観)という意見のほか、「女性の労働条件の悪さ」など、社会の抱える問題点を指摘する声もあがるであろう。 〈問い〉次の事例を読み、何が問題となっているか、考えてみよう。※1960年代の事例である ・セメント会社に就職したSさんは、病身の父を抱えながらも、家計を支えるために懸命に働いた。しかし、Sさんが結婚すると、会社は彼女を解雇した。理由は、Sさんが入社時に提出した念書(「結婚したら、自発的に退社する」旨が書いてある)にサインしていたからだ。Sさんは「女性についてのみ行われる結婚退職制は憲法違反だ」と主張し、裁判所に訴えた。 〈問い〉Sさんの訴えは認められるだろうか？ ・東京地裁は「入社時に当人が結婚退職を認めたとしても、結婚退職制度自体が性別により差別待遇をするものだから違法・無効である」と判断した。Sさんは全面勝訴(1966年)。	・「女は家庭」といわれることもあるが、実際の女性労働者は2312万人、全労働者の42%に達していることを示す(非農林業：2008年)。 ・「女は家庭にあるべきだ」、「女が働くと家庭崩壊につながる」という声の中で、裁判が起こされたことに注意する。 ・Sさんのサインの重みと、女性だけに適用される結婚退職制の強制について検討する。 〈評価の観点〉 ・事実の中から法的な論点をあげることができるか(意欲、思考・判断)
展開 30分	女性差別撤廃条約と国内法	・1980年に女性差別撤廃条約に署名した日本は、条約批准のために、1985年までに国内法制の整備を迫られた。 　→①国籍法の改正、②学習指導要領の改定、③雇用における女性差別を撤廃するための法整備	・男女平等に向けた条約採択など、国際的な取り組みが、法の制定を後押ししている点に注目する。
	男女の待遇格差を禁止する法案づくり ・法案づくりが難航した理由は何か	〈問い〉雇用における女性差別をなくすための法案づくりは、難航した。なぜだろうか？ 　→たとえば、次のような意見の対立が考えられる ・使用者側意見－「職業意識が低く労働力として高い期待が持てない」、「いつ辞めるかわからない者を男と同じに扱えない」、「法律や行政で男女平等を縛ることには無理がある」 ・労働者側意見－「男性と同等の機会を与えずに結果だけを問題にすべきではない」、「国際的な女性差別撤廃の動きにもっと目を向け、法制上、労働環境の整備など総合的に検討すべきだ」 〈問い〉使用者側と労働者側の、それぞれの意見を聞いて、どう考えるか？また、「平等を求めるなら、女性だけに認められている深夜労働禁止などの保護規定も廃止すべきだ」(使用者側意見)という意見はどうか？ ・女性労働の現状を示すデータなどをもとに、検討を加える。	・裁判で勝訴しても、逆に職場にいづらくなり、結局は退職に追い込まれるなどのケースが相次いだ。ここでは、当時、待遇格差を禁止する法律がない点にも注意を向ける。 〈評価の観点〉 ・使用者側と労働者側の各立場を理解し、自身の意見を述べることができるか(理解、思考・判断) ・女性労働のデータを読み取ることができるか(技能)
	男女雇用機会均等法の意義と課題 ・男女雇用機会均等法は、日本社会をどのように変えたか ・法律の問題点はどのように改善すればよいか	・1985年に男女雇用機会均等法がつくられ、日本政府は、女性差別撤廃条約批准のための条件整備を整えた。 〈問い〉1985年版男女雇用機会均等法を読み、その意義を考えてみよう。また、改善すべき点はないだろうか。 ・事業主に募集・採用、配置、昇進で男女を平等に扱う努力義務を課す一方で、定年、退職、解雇については女性への差別的取り扱いを禁止した。 ・男女雇用機会均等法の制定で、男女の役割分担を見直す機運が高まり、1991年には育児休業法が成立した。 ・1997年に均等法が改正され、努力義務は禁止措置に変わった。それとともに、深夜労働禁止などの女性保護規定も廃止された。	・1985年の男女雇用機会均等法が、企業への「罰則」ではなく「努力義務」を定めた点に着目させる。 ・1986年には男性と同じ条件で働く女性総合職が生まれた。 ・1991年には男女の別なく育児休業を取得可能となった。 〈評価の観点〉 ・法律制定の意義とその改善点を考えることができるか(理解、思考、技能)
整理 10分	共に生きる社会をめざして ・自分の意見をまとめよう	・結婚退職制違法・無効判決や男女雇用機会均等法の制定は、私たちの社会をどのように変えたか。他方、女性の保護規定が撤廃され、深夜労働などが普通になるとすれば、男女を問わず、人の働き方が変わることになる。 ・共に生きる社会をめざすために、これからどのような取り組みが必要であろうか、意見を書いて提出しよう。	〈評価の観点〉 ・共に生きる社会を実現するために、自身の考えをまとめ、表現することができるか(意欲、理解、思考、技能)

中学校　英語学習指導案
(中学3年)

指導教諭　○○　○○先生　印
早稲田大学実習生　○○　○○　　印

1．日　　時　平成○○年○○月○○日(○曜日)第○校時
2．対象学級　○○立○○中学校第3学年○組(男子○○名、女子○○名、計○○名)
3．単 元 名　Lesson 3　*Rakugo* Goes Overseas(4時間配当)
4．使用教科書　New Crown English Series 3 (三省堂)
5．学級・生徒観
　　現在完了の継続用法は、前課で学習している。完了用法・経験用法は未習である。(意味の違い、共起する副詞の違いに注意を喚起)
6．単 元 観
　　日本の伝統文化の一部(落語)を理解し、それを世界に発信することへの関心を高めさせる。現在完了の完了用法・経験用法を理解させ、現在完了を含む文を「聞くこと」、「話すこと」、「読むこと」、「書くこと」ができるようにする。
7．単元の指導目標
　(1) 日本文化の一部として、落語とは何かを理解する。
　(2) 現在完了の完了用法・経験用法を理解する。
　(3) 現在完了を含む平叙文を正しく聞き取り、話し、読み、書けるようにする。
　(4) 現在完了を含む疑問文を正しく用いて話し、質問に正しく答えることができるようにする。
8．単元の評価基準

【関】 コミュニケーションへの 関心・意欲・態度	【表】 表現の能力	【理】 理解の能力	【知】 言語や文化についての 知識・理解
現在完了を含む文を積極的に使おうとしている。 間違いを恐れず英語を使おうとする態度が見られる。(観察)	内容を伝えることを意識して、適切な発音・音量で音読できる。(観察)	英文を正しく聞き取り、適切な応答(の選択)ができる。(観察)	本文中の落語について理解し、自分の意見を発表できる。(観察) 新出語・現在完了について正しい知識がある。(テスト)

9．学習指導計画(4時間扱い)

単元構成	時	学習内容・学習活動	評価計画(評価方法)
現在完了 完了用法	1	①現在完了の経験用法の理解 　　教科書p.p.24-25 ②経験用法のまとめ 　　教科書p.32	【知】小テストの点数(10-8:A, 7-5:B, 4-0:C) 【表】内容が伝わるように意識して適切な発音・音量で音読できる。(観察) 【理】Q&A実施時の反応・対応(観察)
現在完了 完了用法	2	①英語落語を理解 　　教科書p.p.26-27 ②現在完了の完了用法の理解 　　教科書p.p.32-33	【知】小テストの点数(10-8:A, 7-5:B, 4-0:C) 【表】内容が伝わるように意識して適切な発音・音量で音読できる。(観察) 【理】Q&A実施時の反応・対応(観察)
現在完了を 含む文章の 理解	3	①Daily Australiaの記事の理解 　　教科書p.p.28-29	【知】小テストの点数(10-8:A, 7-5:B, 4-0:C) 【表】内容が伝わるように意識して適切な発音・音量で音読できる。(観察) 【理】Q&A実施時の反応・対応(観察)
言語活動	4	①現在完了を含む文の聞き取り ②現在完了を含む文の発話 ③現在完了を含む文を用いた会話 ④現在完了を含む文を使った作文 　　教科書p.p.30-31	【理】Mini-project 1の正解数(観察) 【表】Mini-project 2の正確な発話数(観察) 【関】Mini-project 3の正確な発話数及び適切な対応数(観察) 【知】Mini-project 4　現在完了を(1回以上)使って一貫性のある文(2文以上)を書くことができる。(テスト)

10. 本時の指導目標
(1) 学習主題　教科書p.p26-27, 32-33　現在完了の完了用法の理解。
(2) 指導目標　現在完了の完了用法を正しく理解させる。共起する副詞句も合わせて教える。
　　　　　　　英語落語の一例を理解させ、英語で発表させる。
　　　　　　　過去形と完了形の文を対比し、過去の動作と現在までの経験の違いを理解させる。

11. 事前準備、配布資料
・時制のずれ(現在形・過去形・現在完了形)の感覚を視覚的に理解できるように、パワーポイントを用いた資料を準備。
・生徒各自持参の英和辞典から、参照させる例文をピックアップ。
・生徒間作業用のワークシート作成。

12. 本時展開の工夫点
・授業形態　一斉授業の中に、ペアワーク・グループワークの時間を取り入れ、積極的に英語でコミュニケーションを図る機会を作る。
・指導方法　英語での指示や、導入を行い、英語の聞き取りに慣れさせる。板書はわかりやすくまとめ、説明は日本語中心で行う。
・教　　材　音声CD、PC、映像などを適宜用いる。生徒間作業の時にはワークシートを利用する。

13. 本時の指導計画

	学習内容	学習活動	指導上の留意点・評価規準
導入 15分	1. 小テスト	1.1 前時の小テストの返却 1.2 本時の小テストの実施	1.1 ×の多い問題の指摘 1.2 不正のないように注意 【知】新出語を覚えている。継続用法の英文を理解している。
	2. 前時の復習	2. CDを用いて前時のシャドーイング	2. 完了用法の意味の確認
	3. 本時の導入	3.1 本時の内容に関するオーラル・イントロダクション 3.2 CDを用いて本時のオーラルリーディング	3.2 全員が声を出しているか留意
展開 30分	4. 本文の音読	4. 生徒に1文ずつ音読させる。	4. 内容が伝わるように意識させる。 【表】適切な発音・音量で読んでいる。(観察)
	5. 意味の確認	5. 本文訳、新出事項の確認	5. they'll←they will, hasn't←has not, bitten←bite, begun←begin, done←do, poisonous, someone, have just P.P., have not P.P.~yet,
	6. 文法説明	6. 板書及びPCで経験用法の説明	6. POINT: Tom has just finished lunch. を過去形と対比して説明(パワーポイント使用)質問の有無の確認。(本文全体の意味の質問も同時に受け付ける)
	7. リスニング	7.1 CDを用いてDrill 　Listen→Repeat→Say→Write 7.2 CDを用いてPractice 　Listen→Speak (Pair-work)	7.1 付属CDの質問に答えさせる。 【理】英文を正しく聞き取り適切な応答(の選択)ができる。 7.2 ペア間の能力に偏りが出ないように配慮する。
	8. ディスカッション	8. 7.2について英語で書かせる。	
まとめ 5分	9. 次時の新出語の確認・小テスト(宿題)の指示	9.1 p.p.28-29の新出語の発音指導 9.2 単語帳の作成・暗記の指示 9.3 次時の小テストの指示 9.4 復習の指示(p.p.32-33)	

14. 発展・応用学習への視点(意欲的な生徒の自主学習に向けた支援)
・ワークブックの関連する項目の問題を指示。
・NHKラジオ講座「基礎英語3」6月(学習内容：現在完了)の放送案内。
・教科書付属のCDを使って、自宅でもシャドーイングを行うように指示。

中学校　数学学習指導案

　　　　　　　　　　　　　　　　　　　　　　　　　指導教諭　〇〇　〇〇先生　印
　　　　　　　　　　　　　　　　　　　　　　　　　早稲田大学実習生　〇〇　〇〇　　印

1．日　　時　　平成〇〇年〇〇月〇〇日（〇曜日）第〇校時

2．対象学年　　〇〇立〇〇中学校第2学年〇組（男子〇〇名、女子〇〇名、計〇〇名）

3．単 元 名　　平行と合同

4．単元の目標
・数学的活動を通して，平面図形に関する基本的な性質を見いだし，平行線の性質や三角形の合同条件をもとにして，それらを確かめることができるようにする。
・平行線や角の性質にもとづいて，図形の性質を調べることができるようにする。
・証明の意義と証明の方法を理解できるようにする。
・図形の合同の意味を理解し，三角形の合同条件を見いだし，それを活用して問題解決できるようにする。

5．単元の指導計画　（全14時間のうちの前半7時間，後半7時間は合同な図形）
　　第1次：ブーメラン型の四角形の角(1)　（本時）
　　第2次：ブーメラン型の四角形の角(2)
　　第3次：三角形の外角の性質
　　第4次：平行線の錯角の性質
　　第5次：平行線の同位角の性質
　　第6次：三角形の内角の和
　　第7次：証明をすること

6．本時の目標　（単元「平行と合同」第1次）
　　ブーメラン型の四角形の角を求める活動を通して，図形の見方によって，その角が多様な方法で求められることを知る。また，その角を求めるために用いられた図形の性質そのものに視点を移し，ブーメラン型の四角形に関わる様々な図形の性質と，図形の性質どうしの関係に強い関心を抱くことができる。

7．本時の題材観
　　本時に用いるブーメラン型の四角形とは，右図のものである。生徒は，右図の∠xの大きさを，小学校算数や中学1年で学んだ図形の性質を用いて求めることになる。右図の四角形は，生徒のノートに定規や分度器を使ってかくことができる。また，この図の中に三角定規や正三角形などを連想させながら，図をみることもできる。ブーメラン型の四角形の角を求める活動は，図形の性質を学んだ後の適用や発展としても使うことができる。しかし，本時では，図形の性質とその関係への着目を強く意図して，あえて単元の導入で用いる。

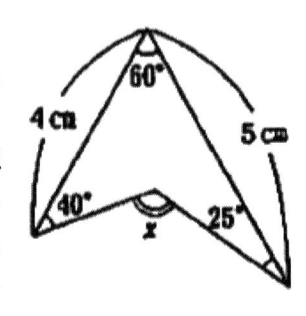

8．本時の展開

	学習活動	指導上の留意点
導入	○右の図で，∠xの大きさをいろいろな方法で求めよう。その際にどのような図形の性質を使ったのかも書こう。 注：補助線は消さないこと	・ブーメラン型の四角形の図を定規と分度器などを使ってノートにかかせて，∠xの大きさに対する量感をもたせることもできる。 ・ブーメラン型の四角形を印刷したプリントを配布し，生徒に用いさせる。
展開	・ブーメラン型の四角形に，どのような図形をみるかにより，様々な方法で∠xの大きさを求めることができる。 〈方法1〉 180°−(60°+40°+25°)=55° 180°−55°=125° 〈方法2〉 60°−25°=35° 180°−40°=140° 360°−(140°+60°+35°)=125° ○∠xの大きさの求め方と，求めるときに用いた図形の性質を発表しよう。 ・∠xの大きさは125°になる。 ・〈方法1〉では，三角形の3つの角を足す180°になることを，大きな三角形と小さな三角形に使っている。 ・〈方法2〉では，正三角形の1つの角が60°になることや，四角形の4つの角の和や直線がつくる角のことを使っている。	・生徒は角の大きさを求める際に，数値のみを書く傾向がある。答えを求めるための数式や補助線などを書くように指示する。 ・「正三角形をつくる」のように，ブーメラン型の四角形にどのような図形をみたのかを端的なことばで表現するように指示する。 ・手がかりのつかめない生徒には，いくつかの図形の性質をヒントとして提示する。 ・∠xの大きさの確認をした後は，∠xを求めるために用いた「図形の性質」に着目させる。 ・内角，外角などの用語については，数学教科書の記述などでしっかりとおさえる。 ・図形の性質から，図形の性質どうしの関係への関心の高まりが生まれるように，工夫する。
まとめ	○∠xの大きさを求めるために用いた図形の性質には，何があるのかを整理しよう。	

9．評価の観点
(1) 既に学んだ図形の性質を使って，∠xの大きさを求めることができたか。
(2) ∠xの大きさを求めるために用いられた図形の性質に着目できたか。

中学校　理科(物理分野)学習指導案

指導教諭　〇〇　〇〇先生　印
早稲田大学実習生　〇〇　〇〇　　印

1. 日　　時　平成〇〇年〇〇月〇〇日(〇曜日)第〇校時　〇〇時〇〇分〜〇〇時〇〇分(50分)
2. 対象学年　〇〇〇〇中学校　第〇学年〇組(男子〇〇名、女子〇〇名、計〇〇名)
3. 単 元 名　身のまわりの現象　－光の世界－
4. 使用教科書　『理科1分野　上』(〇〇出版)
5. 単 元 観
　　私たちの身の回りには光による物理現象があふれている。そして何より、私たちは光によってものを見ている。光は光源から直進するだけでなく、鏡で反射されたり、レンズで屈折されたりと、様々に経路を曲げられて私たちの目にたどりつく。しかし、私たちの目に光が見せる景色は一様に映り、光が反射・屈折する道筋を見ることはできない。本単元では、鏡やプリズム、凸レンズなどの光学素子やレーザー光源などを用いた様々な光学実験を通して、光の道筋を明確に示し、光の直進・反射・屈折などの性質や凸レンズのはたらきを学ぶことで、「光学的にものが見える」ことへの理解へと結びつけたい。
6. 生徒観
　　好奇心旺盛で、授業にも実験にも意欲的に取り組むが、既習内容を根拠として予想を立てることや、実験結果をもとに科学的に考察することに関しては、教員からの積極的なアドバイスが必要である。
7. 指導観
　　授業はクラスを3〜4名の班に分けた少人数で、観察・実験を中心に行う。観察・実験を通して、受動的に知識を得るのではく、自ら光による現象の規則性に気づかせるよう指導したい。また、実験の後にはグループ内で各自の考察を発表し合いまとめる時間を設け、自身で主観的に理解するだけではなく、他者にも説明できる客観的な表現の方法も身につけさせたい。
8. 単元の指導目標

【関心】 自然現象への関心・意欲・態度	【思考】 科学的な思考	【技能】 観察・実験の技能・表現	【理解】 自然現象についての知識・理解
光による身近な物理現象や目でものを見る原理に関心を持ち、意欲的に観察・実験を進め、科学的に理解しようと努める。	鏡、プリズム、凸レンズなどを用いた初歩的な光学実験を行い、光の直進・反射・屈折の性質や凸レンズのはたらきなどの規則性を見いだすと共に、光による物理現象を目でものを見る原理に結び付けて考察する。	鏡、プリズム、凸レンズなどを用いた初歩的な光学実験の仕方、記録の取り方、作図の方法を身につけると共に、報告書の作成や発表などを通して自分の考えをまとめ、他者に客観的に伝える方法を学ぶ。	観察・実験を通して、光の直進・反射・屈折や凸レンズのはたらきなどの基本的な性質を知識として身につける。また、それらの知識を用いて光学的にものが見える原理を理解する。

9. 単元の指導計画　（全7時間）　配当時間
　　(1) 身のまわりの物体を見てみよう　　　　　　　　1
　　(2) 光はどのように進むのか　　　　　　　　　　　3
　　(3) 凸レンズはどんなはたらきをするか
　　　　・凸レンズでどんな像ができるか　　　　　　　1
　　　　・凸レンズによってできる像を調べよう　　　　1(本時)
　　　　・実像と虚像　　　　　　　　　　　　　　　　1

10. 本時の指導目標
　　・凸レンズのはたらきに関心を持ち、意欲的に実験を行い、規則性を見いだそうとする。
　　・凸レンズを通る光が屈折することをもとに、凸レンズで実像ができる原理を考えるとともに、実験結果から凸レンズの作る像の規則性を考察する。
　　・光学台を使って光源と凸レンズの距離、凸レンズとスクリーンの距離、像の大きさなどを測定し、実験結果を正確に記録する。
　　・光源と凸レンズの距離、凸レンズとできる像の位置、像の大きさの関係を理解する。

11．事前準備
虫眼鏡(各班1つ)、光学台セット(各班1セット)、ワークシート

12．本時の指導計画

	学習内容	指導内容・生徒の学習活動	指導上の留意点/評価の観点
導入 10分	虫眼鏡で、壁に窓際の景色を映す。	◆班に分かれて室内で自由に活動させる。 ◆巡視しながら以下の点を確認させる。 ①倒立・左右反転したが見える。 ②映る像は実物より小さい。 ③像がくっきり見える虫眼鏡の位置は一か所だけである。	・ピントの合わせ方をアドバイスする。 ・机に広げたノートに蛍光灯の像が移ることも教える。
	壁に像が映る原理を考える。	◆生徒を着席させ、以下の点を質問する。 ①像が倒立・左右反転しているのはなぜか。 ②見える像の大きさを変えたければ、どうすればいいか。	・前時の凸レンズを通る光の屈折について言及する。 評価の観点 前時の内容を踏まえ、凸レンズで像が映る原理を理解しようとしているか。【関心・思考】
展開 25分	光学台を用いて、凸レンズによってできる像を調べる。 ⇒予想する。 実験内容 光源と凸レンズの距離、凸レンズと実像までの距離、実像の大きさの関係を調べる。	◆教卓に用意した光学台を用いて、実験手順を演示し、実験の流れを確認させる。 ◆以下の場合において、像ができる位置・大きさを班で話し合って予想させる。 〈光源と凸レンズの距離〉 ・焦点距離以下 ・焦点距離の2倍以下 ・焦点距離の2倍 ・焦点距離の2倍以上 ◆班を代表する生徒に予想を発表させ、黒板にまとめる。	・先ほどの虫眼鏡でできた景色の像の大きさや位置の関係も参考にするようアドバイスする。 ・大きさは実際の大きさと比べてどうなのか考えさせる。 評価の観点 虫眼鏡でできる像の観察をもとにしながら、各場合での像の様子を予想しようとしているか。【関心・思考】
	光学台を用いて、凸レンズによってできる像を調べる。 ⇒実験する。	◆測定を開始し、記録をワークシートに書き込むよう指示する。 ◆測定と記録が終了次第実験用具を片付けるよう指示する。	・ろうそくで遊ばないように厳重に注意する。 ・スクリーンに像が映らない場合は、次の測定に進むよう助言する。 ・机間指導しながら、測定が遅れている班に対しては、測定方法を個別に指導する。 評価の観点実験に進んで取り組み、光学台を使って像の測定を行い、実験結果を記録することができる。【関心・技能・表現】
まとめ 15分	実験結果をもとに、凸レンズによってできる像の規則性について考察する。	◆以下の手順でまとめの作業を進めさせる。 ①測定結果から分かる規則性について、自分でまとめてワークシートに書き込む。 ②各班で各自の考察を発表しあい、凸レンズの作る像の規則性をまとめ、発表する。 ◆黒板の予想と照らして実験結果をまとめ、ワークシートを回収する。	・机間指導しながら、光源と凸レンズ、凸レンズと像の距離、像の大きさなどから規則性を考えるようアドバイスする。 評価の観点 自ら考え凸レンズのつくる像の規則性を見いだすことができると共に、進んで班の発表に参加し共通認識を持ち合うことができる。【思考・理解】
	次の授業の内容を確認する。	◆以下の次回の授業内容を伝える。 ・凸レンズをと通った光はどのように進んで像を作るのか。 ◆次回の学習で解決する課題として以下の質問を提示する。 ・なぜ倒立・反転した像ができるのか。 ・なぜ光源と凸レンズの距離によって、できる像の位置や大きさが変わるのか。 ・像が映らないときがあるが、どうして映らないのか。	

中学校　保健体育(保健)学習指導案

指導教諭　〇〇　〇〇先生　印
早稲田大学実習生　〇〇　〇〇　　印

1．日　　　時　平成〇〇年〇〇月〇〇日(〇曜日)第〇校時　〇〇時〇〇分〜〇〇時〇〇分
2．対象学年　〇〇〇〇中学校　第３学年〇組(男子〇〇名、女子〇〇名、計〇〇名)
3．単 元 名　健康な生活と疾病の予防　(保健・医療機関や医薬品の有効利用)
4．単元観
　　私たちの身の回りには多種類の医薬品が存在し、それらは健康を維持するために気軽に服用されている。このことは、私たちが健康な生活を送る上で、医薬品が必要なものになっていることを示すものであるが、医薬品もその使用方法を誤ってしまうと健康を損なってしまう場合がある。医薬品には主作用と副作用があるため、使用回数や使用時間、使用量などには留意しなければならない。また、薬事法の改正によって、平成21年4月より風邪薬や解熱剤、鎮痛剤などがスーパーやコンビニエンスストアなどでも販売されるようになり、一般薬品がより身近な場所で購入できるようになった。このように医薬品の入手が容易になったことから、その使用者には医薬品の正しい使用方法についての理解がさらに求められるようになった。そのため、保健授業を通じて医薬品についての正しい知識を身に付け、日常生活においても適切な行動がとれるような態度を形成する必要があると考える。加えて、安全に医薬品を使用することで、健康の保持増進を図ることができることも併せて指導していかなければならないと考える。

5．生徒の実態
　　今回の単元を実施するに当たって、事前に医薬品に関するアンケートを実施した。その結果、「薬を服用するとき、使用上の注意を一通り読む」と答えた生徒は80％、「スーパーやコンビニで医薬品が販売されていることを知っている」と答えた生徒は90％であった。また、「『お薬手帳』を知っている」と答えた生徒は70％であったが、「実際に持っている(使用している)」と答えた生徒はわずか20％に留まった。

6．単元の指導目標
　〇健康の保持増進と疾病の予防について考え、健康な生活を送るための課題をもとうとしたり、その解決方法を見付けようとする。(関心・意欲・態度)
　〇健康な生活と疾病予防について、科学的根拠に基づいて予想したり、整理したりすることができる。(思考・判断)
　〇健康の保持増進と疾病の予防にかかわる要因を知り、それに対する適切な対策を理解することができる。(知識・理解)

7．単元の評価規準

【関心・意欲・態度】	【思考・判断】	【知識・理解】
保健・医療機関の利用や医薬品の使用方法について、グループで協力して資料を調べたり、意見を交換したりしながら課題解決に進んで取り組もうとしている。	保健・医療機関の利用や医薬品の使用方法について、自分の経験や資料、グループの意見や考えなどをもとにして課題を設定し、適切な課題解決の方法を考え、判断している。	健康の保持増進や疾病の予防には、保健・医療機関の有効利用が必要であることや、医薬品の正しい使用の仕方について科学的に理解し、知識を身に付けている。

8．単元の指導計画(３時間扱い)

時間	学習活動
1	保健・医療機関の役割と有効活用について理解する。 ・地域には人々の健康の保持増進や疾病予防の役割を担う保健センターや医療機関などがあること ・健康の保持増進と疾病の予防には、各機関がもつ機能を有効に利用する必要があること
2	医薬品についての概要を説明する。 ・薬と自然治癒力の関係について 医薬品に関して自分たちが疑問に思ったことをグループごとに調べ、まとめる。

	3	前時に調べたことをグループごとに発表する。
		医薬品の正しい使用方法について理解する。
		・医薬品には使用回数や使用時間、使用量などの正しい使用方法があること
		・医薬品には主作用と副作用があること

9．本時の指導目標

「医薬品の正しい使用方法について、理解することができる」

- 医薬品の正しい使用方法について、グループで積極的に意見を交換することができる。(関心・意欲・態度)
- 自分の経験や資料をもとに、医薬品の正しい使用方法を予想し、整理することができる。(思考・判断)
- 医薬品の正しい使用方法や主作用・副作用があることを理解し、学習シートに書き出すことができる。(知識・理解)

10．本時の指導計画

(3時間目／3時間)

段階	学習内容および学習活動	○指導上の留意点・◆評価
導入 (10分)	1．前時のふりかえりをする。 ・医薬品に関するＶＴＲを視聴する。 2．本時の課題を把握する。	○前時に医薬品について学習したことをＶＴＲでふりかえり、学習意欲を喚起させる。 ○学習課題を提示し、本時のめあてを確認させる。
展開 (35分)	3．グループごとに発表する。 (医薬品に関して自分たちが疑問に思ったことについて調べたことを発表する) ・グループごとに発表の仕方を確認する。 ・発表を聞きながらメモをとる。 ・質問がある場合には、グループの発表後に挙手をして質問する。 4．医薬品の正しい使用方法と、主作用・副作用について知る。 ・医薬品の使用方法についての問題に答える。 【Ｑ＆Ａ】 ①錠剤は飲みにくいので、錠剤をつぶして粉にして飲んだ。 ②1回飲み忘れたので2回分をまとめて飲んだ。 ③最初の薬が効かなかったので、別の薬を一緒に飲んだ。 ④保護者が薬を飲むときに近くに水がなかったので、たまたまそばに置いてあったビールで薬を飲んだ。 ⑤以前からあった薬が少なくなったので、新しい薬の容器に移し替えた。 ・医薬品の説明書を読み、正しい使用と、主作用・副作用を確認する。 5．「使用上の注意」について、間違っている箇所をグループで検討する。 6．グループごとに発表する。	○グループで調べてきたことのポイントを、ゆっくりと大きな声でわかりやすく伝えられるように助言する。 ○メモをとりながら、発表を聞くように促す。 ○学習シートに問題の解答を「○・×」で付けさせ、挙手で答えさせる。 ◆医薬品の正しい使用方法について、自分の経験やＶＴＲをもとに予想することができる。(思考・判断) ○薬の説明書を読ませ、使用回数(量)や使用時間、薬の形状、薬の併用などについて確認させる。 ○医薬品の主作用・副作用について理解させる。 ※主作用…薬を使用する本来の目的である病気を治したり軽くしたりする働きのこと。 ※副作用…薬本来の目的以外の好ましくない働きのこと。たとえば、風邪薬やアレルギーの薬を飲んだときの眠気など。 ○処方箋についても必要があれば説明を加える。 ※病気の症状や体質に合わせて作成されたもので、大衆薬より薬の効き目が強い。 ◆医薬品の正しい使用方法や主作用・副作用があることを理解し、学習シートに書き出すことができているか。(知識・理解) ○誤りを含んだ「使用上の注意」(授業者作成)を配布し、何が間違っているか、不足しているのかを考えさせる。 ◆医薬品の使用方法について積極的に意見を交換することができているか。(関心・意欲・態度) ○解答を配布し、確認させる。
まとめ (5分)	7．本時のまとめを行う。 ・本時で学んだことを学習シートに記入する。 ・医薬品についての正しい知識を身に付けることの大切さを理解する。	○本時の目標をふりかえり、まとめさせて自己評価を行うことで、課題の解決を確認させる。 ○医薬品の使用はあくまでも人の体に備わっている自然治癒力を助けるためのものであることを話す。

中学校　道徳学習指導案

　　　　　　　　　　　　　　　　　　　　　　　指導教諭　　○○　○○先生　印
　　　　　　　　　　　　　　　　　　　　　　　早稲田大学実習生　○○　○○　　印

1．日　　時　　平成○○年○○月○○日（○曜日）　第○校時

2．対象学年　　○○市立○○中学校　第2学年○組　（男子○○名、女子○○名、計○○名）

3．主　　題　　3　主として自然や崇高なものとのかかわりに関すること
　　　　　　　　　　(1)　生命の尊さを理解し、かけがえのない自他の生命を尊重する

4．資 料 名　　「奇跡の一週間」（出典：東京書籍『明日をひらく』2）

5．主題設定の理由
　(1)　主題について
　　生命を尊ぶことは、かけがえのない生命をいとおしみ、自らもまた多くの生命によって生かされていることに真摯にこたえようとする心の現われといえる。
　　しかし、昨今の生徒を取り巻く環境は、身近な人の死に接したり、人間の生命の有限さやかけがえのなさに心を揺り動かされたりする経験から遠ざけている。そのためか、生命軽視の軽はずみな行動につながり、青少年に関わる自殺や殺人が社会的な問題となることも多い。
　　そこで、生命の尊さと同時に人間は有限な存在であり、「死」は絶対的なものであることを自覚させ、一日一日を精一杯生きることの大切さに気づかせることで、「人間としてどの様に生きていくか」を深く考えさせたい。
　(2)　生徒の実態について
　　一般的に現在の多くの中学生は、インターネット、携帯電話に象徴されるバーチャル社会の下で成長してきた。また、「死」と言う言葉が頻繁にメディア上に溢れる時代にあって、命の有限性や厳粛さという認識は薄くなってきている。このような状況の中で、生徒の日常会話の中でも「殺す」、「死ね」と言った言葉や、自分が失敗したり、テストで良くない点をとっただけで「死にたい」と言う言葉を平気でつかうなど、命に対する現実感がますます乏しくなっている。

6．本時の指導目標　（ねらい）
　　「奇跡の一週間」を読み、間近に死が迫っている中で生命を燃焼させ、精一杯生きた北村さんの生き方を読み取ることによって、日常的に意識することの少ない「生命の有限性、かけがえのなさや尊さ」の重要性を理解させる。その上で、限りある自他の生命を大切にしながら、自己の人生を積極的に生きようとする道徳的実践意欲・態度を養う。

7．本時の副教材、配布資料
　(1)　「心のノート」p.76（生命を考える　有限性　いつか終わりがあること）
　(2)　自作ワークシート（①各主発問に対する生徒の思いを記入させる、②授業終了後の感想）
【教師の事前参考文献】　森本哲郎著『生き方の研究（悟りについて―正岡子規）』新潮選書、1987年

8．本時の学習活動・指導過程

	学習内容	学習活動／予想される生徒の反応	指導上の留意点／評価の観点
導入 3分	ホスピスについて知る		通常の病院とは違うことを理解させる
展開 44分	「奇跡の一週間」を教師が範読する ①初めの頃、良く聞かれる問いに対して「ムッとしていた」のはなぜか	・当たり前のことをわざわざ聞くことはない ・悲しいに決まっている	・質問する人と同じように、実は作者自身も悲しい人と思っていたことに気づかせる／【評価の観点】(道徳的判断力)表面上で判断することの危険性に気づく
	②北村さんに絵を描いてくれるようにお願いしてから、「後悔して」、その後「真剣になって注文をつけた」のはなぜか	・絵に感動して、北村さんの体調を深く考えなかったから ・命を削ることになるから ・軽率だった ・北村さんは真剣だったから ・命を削ってでも仕事をすることで、生きる力が湧いてきたから	・後悔は私の認識である ・北村さんとの認識の違いに気づかせる ・私の思いと、北村さんの思いが一致して、真剣に取り組みだしたことに気づかせる／【評価の観点】(道徳的心情)本当の北村さんを知り、主人公の心の変化に気づく
	③「北村さんが一生懸命両手ですくおうとしていたもの」は何か	・命ではないか ・作品を作り上げるまで死ねないと思っていたのではないか	・限られた命と戦いながらやり遂げようとしている姿に気づかせたい／【評価の観点】(道徳的心情)北村さんの崇高な生き方に共感できる
	④「大きな間違いに気づいた」というが、何に気づいたのだろう	・ホスピスの患者は「誰よりも一生懸命生きている人」と気づいたから ・真剣に生きている人だと気づいたから	・死ぬのを待つだけでなく、命のある限り真剣に生き抜こうとしている人達だと気付かせる／【評価の観点】(道徳的実践意欲・態度)与えられた生命を真摯に生きることの崇高さに気づく
	⑤「今日の授業を通して感じたこと」を書かせる	・命ある限り真剣に生きていたい ・終わりある命だからこそ、今を大切に生きていくべきである	・ワークシートに記入させる／【評価の観点】(道徳的実践意欲・態度)命の有限性・かけがえのない自己の存在に気づき真摯に生きることの大切さに気づく
終末 3分	「心のノート」p.76の「いつか終わりがあること」を教師が範読する		・心静かに読み味わせる

【本時の評価の観点】　道徳的実践意欲・態度
・生き抜くことの大切さや生命尊重の意味を考えようとする実践意欲・態度が見られるか

【本時の評価の方法】
・作文法：ワークシート

特別支援学校(中学部)　作業学習学習指導案

指導教諭　○○　○○先生　印
早稲田大学実習生　○○　○○　　印

1. 日　　時　平成○○年○○月○○日(○曜日)第○校時

2. 対象学年　第○学年(男子○名、女子○名、計○名)

3. 単 元 名　作業学習　清掃

4. 使用教科書　なし

5. 学級・生徒観
　知的障害がある生徒であるとともに、一人ひとりの理解力や作業能力には差がある。このために、一人ひとりの能力に応じた個々の課題の設定、および支援が必要となる。

6. 単 元 観
　本単元においては、生徒の将来の社会参加を見込み、清掃作業を通じて働く構えづくり、作業に必要な知識、技能を習得することをねらいとする。

7. 単元の指導目標
   (1) 清掃作業という身体運動を通して、手先や道具を使う能力も含め、段階的に知識や技能を習得させる
   (2) 清掃作業には個人作業と集団作業があり、作業を通して責任感や協調性の育成につなげる
   (3) 清掃作業への肯定的な評価を受けることによって、働くことへの自信と意欲を高める
   (4) 単に校内にとどまらず、地域での清掃作業を通し社会体験を広げ、社会性の向上をはかる

8. 学習指導計画　(単元の指導計画)(10時間扱い)
   (1) 清掃作業に使用する道具の名称、使い方を学ぶ
   (2) 清掃作業における身体の動かし方を習得する
   (3) <u>校内(廊下)の清掃(本時)</u>
   (4) 校内(トイレ)の清掃(本時)
   (5) 校内特別支援教室の清掃
   (6) フローリングワックスがけ
   (7) 校外での清掃作業

9. 本時の指導目標
   (1) 自分の作業内容を理解し、手順に沿って作業を行う
   (2) 自分の作業目標が達成できるよう、時間終了まで作業に取り組む
   (3) 班で協力して、作業が円滑にできるようにする

10. 事前準備、配布資料
    (1) 使用する清掃道具の名称を覚えられるよう、写真と名称を示したプリントの配布
    (2) 清掃の手順を図示した用紙を配布

11. 本時展開の工夫点
　　生徒の興味関心に注意し、各自が集中持続できる作業内容を調査、検討する

12. 本時の指導計画

指導過程	学習内容	教師の支援・留意点	評価規準(方法)
導入 15分	1．挨拶をする 2．作業の確認をする	1．元気よく挨拶するよう促す 2．道具の名称・使い方を確認する	個々の生徒の能力に応じた、作業への意欲、態度
展開(1) 20分	1．トイレ、床掃除の手順を教師が示す 2．一人ひとりの生徒に、個人作業を行わせる 3．生徒の行った作業内容について、全員で評価する	1．観察学習をうながす 2．作業動作の適否を生徒に判断させる 3．上手にできた生徒に注目させ、「上手」とはどういうことかについて理解を促す	1．個々の生徒に応じた、作業への意欲、態度 2．個人作業だけでなく、集団作業であるという意識 3．きれいにすることへの達成感、意欲
展開(2) 45分	【個人作業】 1班：トイレの床、壁を清掃する 2班：個室を清掃する	1．道具の適切な使い方を教える 2．トイレットペーパーの補給 3．清掃状態のチェック	1．教師の指導に対する態度 2．安定して作業ができたか 3．きれいになったか
	【集団作業】床清掃 1．自分たちが分担した部分を清掃する 2．清掃した後に、し残した部分がないかを確認する	1．道具の適切な使い方を教える 2．身体の動かし方がわからない生徒には介助して教える 3．清掃すべき場所を確認、必要な場合は指示する 4．し残した部分を確認、必要な場合は指示する	1．教師の指導に対する態度 2．安定して作業ができたか 3．きれいになったか 4．確認できたか 5．し残した分をきれいにしたか
	【片づけ】道具を洗うなどし、決められた場所に片づける	あらかじめわかりやすいよう、片づけ場所を図示する	1．片づけ場所にしまえたか 2．しまい方は適切か
評価 10分	清掃した場所をまわり、きれいになったかどうかを確認する	1．きれいかどうか、生徒に判断を促す 2．生徒の意欲、努力を評価し、作業への構えを高める	1．きれいがわかるか 2．評価に参加しているか 3．評価の意味を理解しているか
まとめ 10分	1．自分の行った作業について振返る 2．次回の清掃に向け、自分の目標を決めさせる(可能な生徒には文章に書かせる)	自分で振返ることができない生徒に対しては、担当した場所にいき、今日の内容を確認する	1．作業を振り返れるか 2．自己目標を立てられるか 3．他者からの助言に従えるか

13. 発展・応用学習への視点
　　障害の重い生徒に対しては、一人ひとりの作業能力や特性を適切に把握し、それに合った作業課題を設定することが必要である。

高等学校　国語(古典)学習指導案

　　　　　　　　　　　　　　　　　　　　　　　指導教諭　○○　○○先生　印
　　　　　　　　　　　　　　　　　　　　　　　早稲田大学実習生　○○　○○　　印

1．日　　時　平成○○年○○月○○日(曜日)第○校時　○○時○○分～○○時○○分(50分)

2．対象学年　○○○○高等学校　第○学年○組(男子○○名、女子○○名、計○○名)

3．単 元 名　軍記を味わう

4．使用教科書　『新編古典　I』(東京書籍)

5．学級・生徒観
　発問への応答も積極的で、質問を受けることも多い活発なクラスである。ただし、授業中落ち着きを失う傾向もある。全般に文法的知識に欠けるところがある。

6．単 元 観
　本単元においては、軍記の代表作である『平家物語』を扱う。平安末期の平氏一門の滅亡を描いたこの作品は、その後の多くの文学・芸能・芸術に広く影響を及ぼしてきた。個性的で魅力的な人々の行動を通して、激動の時代が語られていく。また、琵琶法師によって語られた「語り物」であったことに大きな特徴がある。そのため、文章は音律が整えられて心地よいリズムと調べを持っており、日本語の音声的特質を十分に活かしているといえよう。本単元では、巻一「祇園精舎」と巻四「橋合戦」を取り上げる。前者は名文とされ親しまれている格調高い文章であり、この物語の基調をなし中世の人々をとらえていた無常観に対する理解を深めることができる。後者は「軍語り」のリズミカルな文章であり、印象的な悪僧の活躍を通して軍記の世界の魅力を体験することができる。

7．単元の指導目標
　○『平家物語』の文章の持つ調べやリズムを味わい、言葉の力、声の力を経験する。
　○無常観とは何かを学ぶことにより、当時の人々が持っていた世界観を知る。
　○戦いのようすや人物を印象的に描き出すための表現の特徴、工夫を学び、人々を楽しませた軍記の
　　魅力の一端に触れる。

8．単元の指導計画　(5時間扱い)　　　配当時間
　(1)「祇園精舎」　　　　　　　　　　　　　1
　(2)「橋合戦」その1　ページ　行目まで　　　1
　(3)「橋合戦」その2　ページ　行目まで　　　1
　(4)「橋合戦」その3　ページ　行目まで　　　1(本時)
　(5)「橋合戦」その3　最後まで　　　　　　　1

9．本時の指導目標
　○鎧装束によってその人物や個性が描き出されていることに気付かせる。〈読む能力〉
　○擬音語、擬態語、数詞、音便形などが効果的に使われて文章に独特のリズムがもたらされていることを考察させる。〈知識・理解〉
　○悪僧たちの独特の戦いの様を通して、軍記の世界の魅力を知る。〈関心・意欲・態度〉

10. 事前準備
○武具や装束を見るために『国語便覧』を用意させる。

11. 本時の指導計画

指導過程	学習内容	指導内容・生徒の学習活動	指導上の留意点／評価の観点
導入 5分	前時の復習	①鎧装束によって源頼政・仲綱親子の年齢や人柄がわかるように表現されていたことを確認する。 ②悪僧但馬の戦いが人々の注目を集めたことを確認する。	①老人と壮年の人物が装束によって描き分けられていることに注意する。 ②橋の上でたった一人で曲芸のような武芸を披露していたことに注意を促す。 【評価の観点】意欲的に好奇心を持って学習に臨めるか(関心・意欲・態度)
展開 35分	①明秀の装束の特徴について知る。 ②明秀の戦いの方の特徴を理解する。 ③合戦を語る際の表現上の工夫を知る。	①全身黒い装束で、長刀の柄だけが白いことを知る。 ②一人で次々と武器を持ち替えて戦っていることに注意を促す。 ③明秀の戦いを語る部分を範読する。 《発問1》今読んだ部分から数詞を抜き出して下さい。 《発問2》今読んだ部分から擬音語・擬態語を抜き出して下さい。 数詞の繰り返し、擬音語・擬態語の使用が、文章にリズム感を与えて耳に心地よく響くことを理解する。	①色彩豊かな戦場でかえって目立つことに気付かせる。 ②一人で注目を集めて戦うことは但馬と同じであることに注目させる。 【評価の観点】古典に表れた思想や感情を的確に読み取る(読む能力) ③「くもで、かくなわ、十文字、とんぼうがへり、水車」といった定型表現やウ音便・促音便、「てんげり」という撥音便が効果的であることも指摘する。それが「語り」の技であることを理解させる。 【評価の観点】表現と理解に役立てるための音声・文法等を理解する(知識・理解)
整理 10分	本時のまとめ	①数人を指名して明秀の戦いの場面を音読させる。 ②明秀の戦い方が但馬と同じであることを確認する。	①数詞、擬音語・擬態語などを意識して音読させる。 ②悪僧の戦いが、注目を集めるためのものであったことを知る。 【評価の観点】〈関心・意欲・態度〉〈読む能力〉〈知識・理解〉

高等学校　英語(コミュニケーション英語Ⅰ)学習指導案

指導教諭　○○　○○先生　印
早稲田大学実習生　○○　○○　　印

1．日　　時　　平成○○年○○月○○日(○曜日)第○時限

2．対象学級　　○○立○○高等学校第1学年○組(男子○○名、女子○○名、計○○名)

3．単 元 名　　Lesson 9 "Emily Post Wouldn't Like It" (6時間配当)

4．使用教科書　*Polestar English Communication I* (数研出版)

5．学級・生徒観
　(a) if 節のある仮定法過去形の文は既習。(b) S+V+O (＝疑問詞で始まる節) は既習。(c) 現在進行形は既習。(d) 受動態は既習。(e) Mr., Miss, Mrs.は知っているが Ms.に触れたことがある生徒は少ない。

6．単 元 観
　if 節を使わない仮定法過去形の文、S+V+O+O(＝疑問詞で始まる節)の形の文、S+V(知覚動詞)+O+C(分詞)の形の文を理解し、使えるようになる。やんわりと断る表現を習得し使えるようになる。

7．単元の指導目標
　if 節を使わない仮定法過去形の文、S+V+O+O(＝疑問詞で始まる節)の形の文、S+V(知覚動詞)+O+C(分詞)の形の文、やんわりと断る表現を学習させる。断る表現には仮定法を使うものもあるので、適宜表現の意味と文法形式とを連動させて学習させる。

8．学習指導計画　(単元の指導計画)(6時間扱い)　※紙面の関係上、2, 3, 6時間目はここでは省略する。

単元構成	時	学習内容・学習活動	評価計画(評価方法)
Pre-reading Questions; Part 1	1	①Emily Postなる人物とその著書についての文章を理解する。 ②S+V+O+O(＝疑問詞で始まる節)の形を学習する。	【関心・意欲・態度】Pre-reading Questionsに取り組もうとする。(グループワーク) 【理解】本文の内容を理解することができる。(Listening Quiz, Comprehension Questions解答) 【知識・理解】S+V+O+O(＝疑問詞で始まる節)の形の用法を知っている。(挙手・発言)
Part 4	4＝本時	①メールの限界やお礼状の大切さを通じて、礼儀作法の普遍的な面を述べている文章を理解する。 ②if 節を使わない仮定法過去形を理解する。	【理解】本文の内容を理解することができる。(Listening Quiz, Comprehension Questions解答) 【知識・理解】if 節を使わない仮定法過去形の用法を知っている。(ワークシート)
課末問題	5	①Summaryの空欄補充により、課全体の内容を確認する。 ②Key Languageの文法事項を復習し、それらを使って意味が表現できるように練習する。 ③Let's Try!の指示に従い、自己表現練習を行う。	【関心・意欲・態度】Summary, Exercisesに取り組もうとする。(挙手・発言) 【表現】Key Languageの表現を使って英文を構築することができる。(ワークシート)

9．本時の指導目標
(1) 学習主題　Part 4の学習を通して、if 節を使わない仮定法過去形を理解させる。
(2) 指導目標
　①礼儀作法の変遷にもかかわらず、時代を超えて重要なポイントがある、という文章の趣旨を理解させる。
　②if 節を使わない仮定法過去形を理解させる。

10. 事前準備、配布資料
①教科書　②教科書準拠の指導用CD　③生徒各自持参の英和辞典または英英辞典
④if節を使わない仮定法過去形についてのワークシート
⑤インターネットから取った英文のお礼状の見本（パワーポイントまたは配付資料）。

11. 本時展開の工夫
①授業形態　本文の内容の少なくとも一部を生徒が英語で言えることをゴールとし、言語材料を豊富に提供するよう留意する。
②指導方法　文法事項(if節を使わない仮定法過去形)の理解のために、英語の言い換えを多用する。
③教　　材　音声CDを使い、自然な発音、抑揚、区切りに触れさせる。辞書を持参させ、注意すべき語を確認させる。ワークシートにより文法事項にかかわる簡単な英作文をさせる。

12. 本時の指導計画

	学習内容	学習活動	指導上の留意点・評価規準
導入 10分	1. 前時の復習 2. 本時の導入	1.1　Part 3の内容と文法の復習。 1.2　CDを用いて前時のシャドーイング。 2. 本時のオーラル・イントロダクション。	1.1　Ms.の用法、デートの際の支払いに関する内容の復習。「べきだ」の意味のshouldの復習。 2.「時代が変わっても変わらない礼儀」が本時の話題である、ということを述べる。
展開 30分	3. 本文全体に触れる。 4. 段落ごとの学習。 5. 本文理解の確認(1)。	3. CDによりPart 4本文の音声を聞く。 4. 各段落について、 　(4.1)音声を聞く、 　(4.2)新出語の確認、 　(4.3)内容把握と文法語法の理解、 　(4.4)リピート練習、 　(4.5)音読、の手順で学習。 5. Listening Quiz , CQ (Comprehension Questions) (p.130)を行う。	3.「文章の話題は何か。」「一読して分かったことは何か。」をグループで考えさせる。 4.3　remind, worth -ingの用法を辞書で確認させる。if節を使わない仮定法過去形の用法については、ワークシートで定着を図る。 【知識・理解】if節を使わない仮定法過去形の用法を知っている。(ワークシート) 5 【理解】本文の内容を理解することができる。(Listening Quiz, CQ 解答)
まとめ 10分	6. 本文理解の確認(2)。 7. 表現練習。	6. Route Mapの4に語句を記入。 7.1　Pair Work 4を行う。 7.2　Route Map②を行う。	7.2　shouldを使った英語で問題に答えさせる。

13. 発展・応用学習への視点　（意欲的な生徒の自主学習に向けた支援）
(1) 例示についての発展・応用学習
　①同級生に宛てて英語でメールを書かせる。
　②emoticonの使用についてインターネットで調べさせ、英語で説明させる。
　③適宜状況を仮定して、英語でお礼状を書かせる。
(2) Key Languageについての発展・応用学習
　学校の所在地の観光について海外の人に助言を与える英文パンフレットの文章を、グループで作成させる。

高等学校　数学学習指導案

指導教諭　〇〇　〇〇先生　印
早稲田大学実習生　〇〇　〇〇　　印

1．日　　時　平成〇〇年〇〇月〇〇日(〇曜日)第〇校時

2．対象学年　〇〇立〇〇高等学校第〇学年〇組(男子〇〇名、女子〇〇名、計〇〇名)

3．単　元　名　二次関数とそのグラフ

4．単元の目標
・事象から二次関数で表される関係を見いだし，その関係を考察することができる。
・二次関数 $y=ax^2+bx+c$ を，$y=a(x-p)^2+q$ の形に式変形してそのグラフの概形をかいたり，グラフの対称軸や頂点に着目して関数 $y=ax^2$ のグラフとの位置関係を調べたり，コンピュータなどを活用して様々な二次関数のグラフをかき，その特徴を帰納的に見いだし，活用できるようにする。

5．単元の指導計画　（全10時間）
第 1 次：事象と関数(1)
第 2 次：関数と関数のグラフ
第 3 次：事象と関数(2)
第 4 次：$y=ax^2$，$y=ax^2+q$ のグラフ
第 5 次：$y=a(x-p)^2$，$y=a(x-p)^2+q$ のグラフ
第 6 次：$y=a(x-p)^2+q$ のグラフ　（本時）
第 7 次：$y=ax^2+bx+c$ のグラフ
第 8 次：放物線の平行移動
第 9 次：放物線の対称移動
第10次：２次関数のグラフとその特徴

6．本時の目標　（単元「二次関数とそのグラフ」第6次）
　一次関数 $y=ax+a$ のグラフは，定数 a が様々な値をとっても定点 $(-1,0)$ を通ることを確認しながら，二次関数 $y=ax^2+a$ のグラフのもつ特徴を類推することができる。様々な $y=ax^2+a$ のグラフをかいて，その特徴を帰納的に見いだすとともに，定数 a が様々な値をとっても原点と x 切片が -1 となることや，放物線の頂点が の上にならぶことを，式変形などを通して説明することができる。

7．本時の題材観
　一次関数 $y=x+1$，$y=2x+2$，$y=3x+3$ のように，$y=ax+a$ のグラフをかくと定点 $(-1,0)$ を通ることが実感できる。これらのグラフは傾きと y 切片がみやすいので，生徒たちにとってかきやすいグラフである。また，$y=ax+a=a(x+1)$ と変形することにより，x 切片が -1 となることが説明できる。
　中学２年で学習した一次関数のグラフの特徴をふりかえり，学び直しながら，その類推として $y=ax^2+a$ のグラフの特徴を探究していく点に本時の特色がある。
　なお，活動をふりかえりながら，$y=a(x-p)^2+q$ の形に式変形するよさを，頂点との対比で味わわせたい。

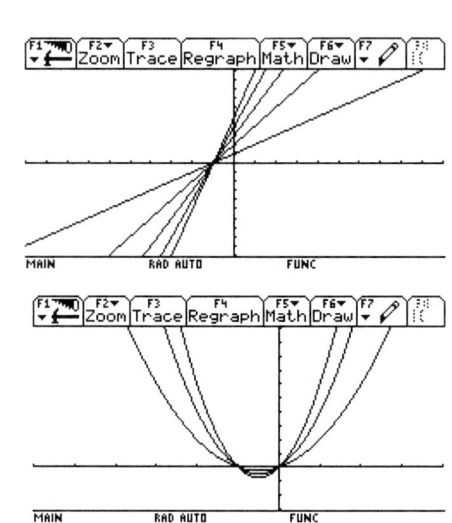

8．本時の展開

	学 習 活 動	指導上の留意点
導入	○一次関数 $y=x+1$, $y=2x+2$, $y=3x+3$, $y=4x+4$, $y=5x+5$ のグラフをかきます。 (1) どのようなことがいえますか。 (2) そのようなことがいえるのはなぜですか ・5つの一次関数のグラフはいずれも $(-1,0)$ を通る。この現象は $y=-2x-2$ のように，$y=ax+a$ で表される一次関数のグラフに共通にみられる。 　　　　　　　　　　　　　　　　　　　　（事実の説明） ・$y=5x+5=5(x+1)$ と変形すると，x切片が -1 であることが示せる。 　　　　　　　　　　　　　　　　　　　　（理由の説明）	・一次関数のグラフは，直線であり，2点を決めれば直線をかくことができる等，中学数学で学習した事柄を確認する。 ・(1)については，成り立ちそうな事柄（事実）を文章で書かせる。(2)については，理由の説明を文章で書いたり，理由を他者と説明し合ったりする。 ・必要に応じて，$y=ax+a$ の式，定数aが負の数の場合などを提示する。
展開	○二次関数 $y=x^2+x$, $y=2x^2+2x$, $y=3x^2+3x$, $y=4x^2+4x$, …と次々にかいていきます。 (1) どのようなことがいえますか。 (2) そのようなことがいえるのはなぜですか。 ・一次関数の場合と同じように，$y=ax^2+ax$ の式の形で表される二次関数のグラフは，2つの定点をとる。原点と $(-1,0)$ である。 ・二次関数 $y=ax^2+ax$ のグラフで，aの値の変化により，グラフの頂点は移動していく。 　ただし，どのグラフの頂点も $x=-\dfrac{1}{2}$ の上に現れている。 ・$y=x^2+x$ のグラフは，前時(第5次)に学んだように次の形に変形すればその概形をかくことができる。 $$y=\left(x+\dfrac{1}{2}\right)^2-\dfrac{1}{4}$$	・$y=x^2+x$ と $y=x^2+1$, $y=2x^2+2x$ と $y=2x^2+2$ などでは，関数の式が表している事柄が違うことに留意させる。 ・関数 $y=a(x-p)^2+q$ のグラフは，$y=ax^2$ のグラフをx軸方向にp，y軸方向にqだけ平行移動した放物線である，という前時の学習内容を必要に応じて確認する。 ・学習の状況をふまえながら，可能であれば $y=ax^2+ax$ のグラフについて，$a<0$ の場合も扱う。
まとめ	・$y=ax^2+ax$ のグラフの頂点の座標は， $x=-\dfrac{1}{2}$, $y=-\dfrac{a}{4}$ となる。定数aが正の数のときaが大きくなれば頂点はy軸方向に下がっていく。 ・$y=ax^2+ax=ax(x+1)$ と変形すれば，このグラフが原点と $(-1,0)$ の2点を通ることが説明できる。 ○わかったこと，さらに調べてみたいことをまとめよう。	・Grapesなどのグラフソフト，あるいはグラフ電卓などが使えれば積極的に活用する。

9．評価の観点

(1) 1次関数で学んだことをもとに，2次関数の特徴を類推することができたか。

(2) 2次関数の式を変形して，2次関数の特徴に関する理由の説明ができたか。

高等学校　地理歴史(日本史)学習指導案

指導教諭　〇〇　〇〇先生　印
早稲田大学実習生　〇〇　〇〇　　　印

1．日　　　時　　〇〇〇〇年〇〇月〇〇日(〇曜日)第〇時限

2．学　　　級　　〇〇高等学校〇年〇組

3．単 元 名　大正デモクラシー
　　＊三省堂『日本史B』では、「第17章 産業革命と日清・日露戦争」の第4節から「第18章 第一次世界大戦と日本」に相当

4．単元目標
　　1910年代～30年代初における大正デモクラシーと呼ばれる風潮が、なぜ起こり、なぜ急速に終息したか、30年代以降のナショナリズムの台頭との関連性を念頭に考える。明治期を通じて形成された国家の矛盾から大正デモクラシーを支える風潮や理論が生まれたが、その内実にも重大な矛盾を含んでいたことに注目する。

5．指導計画
　　(1) 大正デモクラシーの勃興　　　　　[1時限](本時)
　　(2) 好景気とデモクラシーの内実　　　[2時限]
　　(3) デモクラシーの行方　　　　　　　[2時限]
　　(4) 独占資本主義への移行　　　　　　[2時限]

6．本時の目標
　　ア．大正デモクラシーと呼ばれる風潮が起こった背景に何があったのかを考える。(関心・意欲・態度)
　　イ．日清・日露戦争後、対外的には「一等国」＝大国化が達成されたが、対内的には国民の不満が蓄積されてきており、明治期を通じて達成された大国化の矛盾に注目する動向が、大正デモクラシーの起点となった第一次護憲運動を下支えしていたことを、関係史料を参照しながら確認する。(資料活用の技能・表現)
　　ウ．第一次護憲運動とその延長上に起きた大正政変の歴史的意義を考える。(思考・判断)
　　エ．大正政変が起こったのは国民が経済政策優先を支持したということを意味し、結果として軍国化に一定の歯止めがかかったことに注目する。(知識・理解)

7．本時の指導過程

過程	学習内容	指導内容	指導上の留意点／評価の観点
導入 5分	明治期をどう見るか？	『白樺』4-3(1913年)に掲載された寓話(武者小路実篤が執筆)を読む。	1910年代初期(大正改元前後)、明治期を懐疑的に振り返ってみる動向があったことに注目する。
	(1)「一等国」への懐疑	日露戦争後、世界における「一等国」となったのと対照的に、国内では大国化の矛盾が吹き出してきていること、およびその矛盾に注目する人びとの異議申し立てを紹介する。例：白樺派(個の尊重、自己肯定の精神)、柳田国男(民俗学)、夏目漱石、など	多方面から、大国化の矛盾に注目する動向があらわれていたことを指摘する。〈評価の観点〉・明治期を懐疑的に振り返ってみようとする時代の雰囲気に注意を払うことができるか。(関心・意欲・態度)

第5章　学習指導案の作成　63

展開 40分	(2) 第一次護憲運動の展開	a. 明治末期の政局(桂園時代)の性格*を整理した上で、陸軍の2個師団増設要求を拒否した第二次西園寺公望内閣の、陸軍による「毒殺**」、および第三次桂太郎内閣成立までの過程を説明する。	＊日露戦争後の「一等国」をどのように維持するかという課題に対して、軍事力を拡張することを優先する(桂内閣：官僚・軍部・藩閥勢力が支持)か、経済力をつけることを優先する(西園寺内閣：政党＝政友会が支持)か、抗争と妥協の繰り返しであったことをおさえる。ただし、支持勢力を含めて、桂内閣が経済問題を無視していたとか、西園寺内閣が軍事力整備に無関心であった、ということではない。それはあくまで当面の課題で、どちらを優先するかの違い。 ＊＊陸軍による第二次西園寺内閣の「毒殺」は陸相上原勇作が単独で奏上して辞職し、陸軍が後任を推薦しなかったことによるものであるが、それは軍部大臣現役武官制という仕組みが機能した結果であったことを指摘する。
		b. 第三次桂内閣成立の経緯への不満から、世論主導による第一次護憲運動が展開し、桂内閣が総辞職せざるをえなくなるまでの過程(1913年大正政変)を説明する。	尾崎行雄の演説を伝える新聞記事、および桂内閣総辞職時の『原敬日記』の記述を史料として提示し、桂内閣批判(藩閥勢力批判)の世論がいかに強かったかを確認する。また、のちの第二次護憲運動(1924年)が政党主導で、世論の盛り上がりに欠けていたのと大きく違うことに注意を払う。 〈評価の観点〉 ・史料から藩閥勢力批判の世論を読み取ることができるか。(資料活用の技能・表現)
		c. 大正政変後、第一次山本権兵衛内閣は藩閥・軍部批判の世論を背景に、軍部大臣現役武官制および文官任用令を改正し、政党政治への定着を促す改革をおこなったことを指摘する。	明治期、政党勢力の抑制に藩閥勢力が巧みな仕掛けをしていたことに注意を払うとともに、第一次護憲運動を起点とする藩閥・軍部批判の世論がこれを突き崩したことに注目する。 〈評価の観点〉 ・大正政変が起こった意味を考えることができるか。(思考・判断)
		d. シーメンス事件で総辞職に追い込まれた山本内閣にかわって、反藩閥勢力を象徴する政治家として国民に人気の高かった大隈重信を首班とする第二次大隈内閣が成立するまでの過程を説明する。	しかし、欧州で始まった第一次大戦について、行き詰まった政治・経済を打開する絶好の機会ととらえた大隈内閣は、中国に対して21か条要求をつきつけるなど、対外膨張路線を推進していったことに注意を払う。
まとめ 5分	(3) 第一次護憲運動～大正政変の意義	第一次護憲運動から大正政変の過程は、国民が経済政策を優先する方向性を支持したということを意味しており、それが軍国化に一定の歯止めをかけてデモクラシー的風潮の基盤を形成した、とまとめる。	ただし、政友会をはじめ政党勢力が軍拡路線を放棄したわけでないことにも注意する。 〈評価の観点〉 ・デモクラシー的風潮の基盤について、理解を深めることができたか。(知識・理解)

【参考文献】
鹿野政直『日本の歴史27　大正デモクラシー』(小学館、1976年)
武田晴人『日本の歴史19　帝国主義と民本主義』(集英社、1992年)
由井正臣『日本の歴史8　大日本帝国の時代』(岩波書店[岩波ジュニア新書]、2000年)

高等学校　地理歴史(世界史B)学習指導案

指導教諭　○○　○○先生　印
早稲田大学実習生　○○　○○　　印

1. 日　　時　平成○○年○○月○○日(○曜日)第○時限○○時○○分～○○時○○分(50分)

2. 対　　象　学校名　○○高校　第3学年○組(男子○○名、女子○○名、計○○名)

3. 主　　題　欧米における近代国民国家の発展　使用教科書　佐藤次高・木村靖二・岸本美緒『高校世界史』(山川出版社)199-221頁　副教材『地歴高等地図─現代世界とその歴史的背景─』(帝国書院)

4. 学級・生徒観　学習態度は極めて真摯であるが、積極性に欠ける。本時の授業は、次回のワークショップ形式の授業の準備段階としての意味も持つ。すなわち授業時の生徒の発言へのインセンティブを形成する狙いがある。

5. 単 元 観
　　市民革命や産業革命を経て近代的な国民国家を形成したイギリスやフランスがオスマン帝国の衰退に乗じてバルカン半島に進出し、ロシア帝国の南下政策と衝突する。こうして勃発したクリミア戦争とその後のロシアの極東進出は、19世紀末の帝国主義時代の到来を予兆するものであった。またそれは、日本の開国や明治維新から日露戦争に至る過程とも深く関わる出来事である。国民国家とは何かをきちんと理解させることが大切である。

6. 単元の指導目標
   (1) ウィーン体制を崩壊させた自由主義とナショナリズムの意義を再確認させ、それが産業革命の進展と密接にかかわっていたことに気づかせる。
   (2) 東方問題を事例として、ナショナリズムの展開が武力抗争に至ったことを理解させる。
   (3) 19世紀末にドイツが台頭し、英露を二極とする勢力均衡が崩れ、帝国主義と世界戦争の時代に至ることを展望させる。

7. 単元の指導計画　(10時間扱い)(　)内は配当時間
   ①ウィーン体制　ウィーン会議・ウィーン体制と自由主義の動き・フランス七月革命・イギリスの自由主義の改革(1)　社会主義思想の成立・1848年の諸革命(1)　②ヨーロッパの再編　東方問題とクリミア戦争・ロシアの改革(本時)・イギリスの繁栄・イタリアの統一・ドイツの統一(1)　中仕切りとしてのワークショップ(クリミア戦争を描いたイギリスのアニメ(9分弱)を見て、イギリスとロシアを二極とする19世紀半ばの国際情勢について討論)(1)　フランス第二帝政と第三共和政(1)　ビスマルク外交・北ヨーロッパ諸国(1)　③ラテンアメリカ諸国の独立とアメリカ合衆国の発展(2)　④19世紀欧米の文化(1)

8. 本時の指導目標
   (1) 1848年の革命を契機に高揚したナショナリズムが多様であり、ギリシア独立以来、東方問題の温床となったことを理解させる。
   (2) 東方問題の結果としてのクリミア戦争は、カムチャツカにも戦火が及んだ世界規模の戦争であったことを認識させ、日本の開国も、このような国際関係の中で把握されねばならないことを理解させる。さらにロシアの南下政策の挫折や「改革」の失敗が、ロシアの極東進出を加速させたことも確認させる。

(3) クリミア戦争の敗北は、ロシアの後進性を明らかにしたため、戦後ロシアはアレクサンドル2世の下で「改革」に取り組むが、それが十分な成果をあげなかった理由を考察する。またこの間ロシアは、中央アジアや極東へ進出し、少数民族のロシア化とロシア経済への編入を進めたことに留意させる。

9. 配布資料

ナイチンゲール、ノーベル、シュリーマンなどの逸話・トルストイ『セヴァストーポリ物語』からの引用文・アレクサンドル2世のモスクワ貴族団に対する演説・ドストエフスキー『作家の日記』の引用文などからなる資料。映画『遥かなる戦場』(The Charge of the Light Brigade, 1968 イギリス映画)、The Charge of the Light Brigadeのアニメの解説プリント。

10. 本時の学習活動・指導展開

指導過程	学習内容	学習活動	指導上の留意点
導入 10分	20世紀がバルカン半島の動乱で始まり、バルカン半島の民族紛争の中で終わったことに触れる。	・バルカン戦争と第一次世界大戦の発端となったサライェヴォ事件 ・ユーゴスラヴィアの解体と民族紛争に言及。	・Balkanizeという語が小国に分裂させ、不安定にさせるという意味をもつことを話す。 ・地歴高等地図の48と50ページにより、地形の複雑さと多彩な民族分を認識させる。
展開 30分	(1) 東方問題とクリミア戦争(1853-56年) 1. 聖地管理権問題、ギリシア正教徒保護を理由とした開戦。英仏、サルデーニャ、トルコ側に立ってロシアに宣戦。ロシアの敗北とパリ条約。 2. ニコライ1世の死去とアレクサンドル2世の即位。	・地歴高等地図48ページでボスポラス・ダーダネルス海峡の位置を調べさせ、ロシアがしばしば、その自由航行権を得ようとしたことを見る。 ・戦局の悪化とともに、インテリゲンツィアの政府批判が強まり、軍や官僚の間にもロシアの後進性への危機感が生まれ、新帝による「改革」への期待が高まったことを指摘。	・東方問題とはオスマン帝国の衰退に乗じて、その支配下諸民族の独立の気運をとらえて、自国の権益を伸ばそうとしたヨーロッパ列強の対立に他ならない。英露対立とナポレオン3世の動向に着目させる。 ・ロシアの国内状況としては、インテリゲンツィアが生まれ、19世紀ロシア文学の巨匠が活動する土壌が生まれたことに気づかせる。「資料」の朗読と紹介。
展開 30分	(2) ロシアの改革とアジアへの膨張 1. 農奴解放令(1861年)とその他の改革 2. ユーラシア帝国ロシアの成立 3. ポーランド反乱(1863年)と専制政治の強化 4. 農民の不満とナロードニキ運動	・農奴解放は、農民を人格的には解放したが、土地は有償であり、かえって農民は借財に苦しんだこと、共同体規制が残存したことを指摘し、農奴解放後にむしろ農民反乱が増加したことを指摘。 ・地方自治、司法改革などにも簡単に触れる。 ・西欧列強の進出で弱体化した中国への進出にロシアも拍車をかけたことを指摘。 ・ポーランド反乱を機にインテリゲンツィアの中にはヴ=ナロードを唱える、農民の啓蒙のために農村に入るものもあらわれた。	・産業革命を達成した国が、クリミア戦争の勝者となったことから、ロシアでも「改革」が行われた。しかしそれは不徹底なものであり、ロシアにおける革命運動を産み出す契機となるとともに、ロシアの東方進出を促す結果を伴った。 ・極東への進出については、アイグン条約、ウラジヴォストーク建設、北京条約などと関連させる。 ・農村共同体を基盤とし、資本主義の段階を経ないで社会主義を実現しようとしたナロードニキの動きに触れ、1881年の皇帝暗殺に言及。
整理 10分	クリミア戦争後のロシアと世界	・ロシアのアジアへの膨張により英露対立が強まり、明治維新後の日本と衝突する構造が生まれたことに触れる。	映画『遥かなる戦場』の紹介と解説を内容とするプリントを配布し、課外ビデオ上映会の案内をする。

高等学校　地理歴史(地理B)学習指導案

指導教諭　○○　○○先生　印
早稲田大学実習生　○○　○○　　　印

1． 日　　　時　平成○○年○○月○○日(○曜日)第○校時　○○時○○分～○○時○○分　(50分)

2． 対象学年　○○○○高等学校　第○学年○組　(男子○○名、女子○○名、計○○名)

3． 単 元 名　「地図とその活用」

4． 使用教科書　『○○○○』(○○出版)

5． 学級・生徒観
　　元気な生徒が多く発表活動は得意だが、じっくりと論理的に考えるのが苦手な生徒が多い。したがって、作業を通した協同学習を取り入れ、論理的思考ができるような課題設定が求められる。

6． 単 元 観
　　地理B学習指導要領の内容「(1)様々な地図と地理的技能」において、「地球儀や様々な地図の活用及び地域調査などの活動を通して、地図の有用性に気付かせるとともに、地理的技能を身に付けさせる」とあり、地理Bにおいて最も基本となるところである。中学校で学んだ地図記号や縮尺などを思い出させ導入とし、より高度な読図ができる力を養成し、最終的には様々な地図投影法の有用性に触れ、地図に関する基礎的知識技能を習得することを目指す。

7． 単元の目標
　　本単元は、地図読図の技能習得が中心となる。しかし、地図そのものが持つ遺産としての価値や先人たちの労苦を学んで欲しいと考えているが、具体的な目標は以下のとおりである。
【関心・意欲・態度】先人たちが作り上げた地図について関心を示し、その労苦を推測しようとする。協同学習では、仲間ともに協力して課題を探究しようとする。
【思考・判断・表現】自然地形の形状や位置などから土地利用の状況を順序だてて推論したり、多面的にとらえたりすることができる。地形利用における持続可能な開発等についても考えられる。また、追究した結果を言語や地図などを用いて適切に発表できる。
【資料活用の技能】統計資料などの地域に関する資料を活用して地図化したり、地図を適切に読み解いたりできる。
【知識・理解】地図記号や等高線、縮尺といった用語を理解し、地図投影法(メルカトル図法など)の用途を挙げ、説明できる。

8． 単元計画　(6時間扱い)　　　　　　　　　　　　配当時間
　(1) 地理的視野の拡大・地図の種類　　　　　　　　1
　(2) 地形図の読図①(地図記号・等高線・縮尺)　　　1
　(3) 地形図の読図②(平野地形・断層地形など)　　　1　(本時)
　(4) 地形図の読図③(海岸地形・カルスト地形など)　1
　(5) さまざまな地図投影法　　　　　　　　　　　　1
　(6) 時差　　　　　　　　　　　　　　　　　　　　1

9． 本時の目標
　○扇状地の形状を等高線などから読み取り、その土地利用について説明することができる。【知識・理解】

○扇状地の開発が今後どのように進んでいくのかを推測できる。【思考・判断】
○断面図を描くことができる。【資料活用の技能・表現】

10. 事前準備、配付資料
　○掛け地図(日本)
　○断層地形および扇状地の写真(大判)(地図帳を利用してもよい)
　○２万５千分の１地形図 「石和」(山梨県) の一部を複写したもの
　○断面図を描くためのシート(上部に２万５千分の１地形図「小滝」(新潟県)を一部コピーしたもの、下部に縦軸に高度、横軸に距離)

11. 本時の指導計画　(教師の指導・支援の①②…と生徒の学習活動①②…は対応している)

指導過程	教師の指導・支援	生徒の学習活動	指導上の留意点・評価の観点
導入 5分	【前時の復習】 ①前時に学んだ知識を何人かの生徒にあてて、地図記号(紛らわしいもの)・等高線(線の種類)・縮尺(大縮尺と小縮尺)についての知識をテンポよく確認する。	①ランダムにあてられた生徒(3人)は問題に答える(わからない時には、適切なヒントを受け何とか答える)	①【知識・理解】
展開1 25分	【扇状地】 ②「扇状地の地形図で500ｍと650ｍの等高線を緑色に着色しよう」 ③「400ｍ付近の集落を茶色に塗ろう」 ④「特徴のある形をしている」→扇形であることを確認し、板書する。 ⑤「京戸川に水色を着色する」 ⑥扇状地の構造について説明する(伏流水のため扇央部では果樹園や畑地として利用されること、扇端部では村落や水田がみられること) ⑦グループ討論「開発が進んでいくと、今後どのあたりが開発されるようになるか」(5分程度) ⑧グループで答えをまとめさせ、発表させる ⑨解答する「扇央部は、水道技術などの発達により開発が進む可能性がある」ことも指摘する。	②生徒は着色する(5分程度) ③生徒は着色する(3分程度) ④生徒は地図中の空欄に「扇状地」と記入する。 ⑤生徒は着色する(2分程度) ⑥プリントの空欄に「扇端部」「扇央部」「扇頂部」などの土地利用を記入する。 ⑧生徒の回答「扇頂部、もともと集落があるから」「扇端部のもっと先、水があるから」など ⑨生徒はメモをとる。	(留意点)着色はテンポよく行う ②【資料活用の技能】 ③【資料活用の技能】 ④【知識・理解】 ⑤【資料活用の技能】 ⑥【知識・理解】 ⑦⑧⑨【思考・判断・表現】 (留意点)推測となるので、生徒の意見・考えに妥当性があれば、できるだけ尊重する。
展開2 15分	【断層地形を描く作業】 ⑩断面図を描くためのシートを配付 ⑪AからBポイントの断面図を描くが、菅沼348ｍをそのまま下の348ｍの所に点をうつ ⑫要領がわかれば自発的に行うことが出来るので、あとはまかせる。 (机間巡視により、指導する)	⑩シートを受け取り、氏名を記入する。 ⑪指示通りに、生徒は点を打つ。 ⑫生徒は点をつづけて打ち、最後にその点をつなげると、断面図ができあがる。	⑩⑪⑫【資料活用の技能】 (留意点)グループで教えあいながら、やってもよい。
整理 5分	【本時のまとめ】 ⑬掛け地図を用いて今日扱った地形の場所を確認する(大判の写真も使用) ⑭次時の予告 「次回は、海岸地形・カルスト地形です」	⑬掛け地図をみながら、確認する。また、写真でも確認する。 ⑭教科書をみて、カルスト地形等の写真を確認する。	⑬【知識・理解】

高等学校　公民（政治・経済）学習指導案

　　　　　　　　　　　　　　　　　　　　　　　　　　　指導教諭　○○　○○先生　印
　　　　　　　　　　　　　　　　　　　　　　　　　　　早稲田大学実習生　○○　○○　　印

1．日　　時　平成○○年○○月○○日（○曜日）第○校時　○○時○○分～○○時○○分（50分）
2．対象学年　○○○○高等学校　第○学年○組（男子○○名、女子○○名、計○○名）
3．単 元 名　日本国憲法の基本的性格
4．使用教科書　『高等学校　政治・経済』（数研出版）
5．学級・生徒観
　　全体におとなしく、授業への集中力が高い。学級全体に対する発問については、主体的に発言する生徒は少ないが、小グループになると積極的に意見交換をすることができる。

6．単 元 観
　　本単元においては、日本国憲法の特色について、日本国憲法の制定過程に着目させながら考察させていく。日本国憲法は、敗戦という契機によって制定されたものである。そこでは、制定過程における社会的・歴史的な背景を十分に踏まえ、制定過程の意義と課題について考察させる必要がある。以後の日本国憲法の学習に際して、本授業の学習内容と関連付ける必要があることから、そのことを念頭において授業を進めるものとする。また、日本国憲法の基本原理の学習については、中学校で学習している内容であることから、生徒の既得知識を踏まえて授業を展開するものとする。大日本帝国憲法と日本国憲法の相違については、大日本帝国憲法が前近代的なものであったと結論づけることがないように、大日本帝国憲法の制定時の時代状況を十分に踏まえて、日本国憲法との比較・考察を行わせるようにする。

7．単元の指導目標
　○大日本帝国憲法の特色について、当時の社会的状況を踏まえて考察させる。
　○日本国憲法が制定された経緯について、史実に即して理解させるとともに、そこにおける意義と課題について自分なりの見解をもつことができるようにする。
　○日本国憲法の三つの基本原理について、その目指すところを理解させ、その概要を表現できるようにする。
　○日本国憲法と大日本帝国憲法との比較を通して、日本国憲法の基本原則がもつ今日的意義に関心をもたせる。
　○憲法改正の手続きについて、憲法上の規定についての基本的な知識を獲得させるとともに、最高法規の意味について考察させる。

8．単元の指導計画　（7時間扱い）　　　配当時間
　　(1) 大日本帝国憲法の特色とその運用　　　1
　　(2) 日本国憲法の制定　　　　　　　　　　1（本時）
　　(3) 日本国憲法の基本原理　　　　　　　　1
　　(4) 最高法規性と改正手続き　　　　　　　1

9．本時の指導目標
　○日本の敗戦を契機として日本国憲法が制定されたことについて、その歴史的背景ならびに社会的状況に関心をもたせ、日本国憲法の特質について探究しようとする意欲を喚起する。〈関心・意欲・態度〉
　○日本国憲法制定過程における諸課題について、多様な立場からの比較を通して、自らの考えをもち、聞き手に配慮した表現を行うことができるようにする。〈思考・判断・表現〉
　○ポツダム宣言や憲法制定過程における憲法改正草案、マッカーサー草案、五日市憲法などの各種史料を的確に読み取り、それをもとに自分の考えをまとめることができるようにする。〈資料活用の技能〉
　○日本国憲法制定過程における史実を正確に捉え、基本的な事項を確実に習得させる。〈知識・理解〉

10. 事前準備、配布資料
①大日本帝国憲法と日本国憲法の比較表（黒板掲示用に拡大）
②昭和天皇がマッカーサーを訪問した際の写真（黒板掲示用に拡大）
③五日市憲法など、民間によってつくられた憲法草案、松本案と大日本帝国憲法の比較表、各政党の憲法観を比較した表、憲法調査会の活動を報道した新聞記事などを配付資料として準備する。

11. 本時の指導計画

指導過程	学習内容	指導内容・生徒の学習活動	指導上の留意点／評価の観点
導入 10分	前時の復習 ・大日本帝国憲法制定の背景には何があったか ・大日本帝国憲法の特徴 　欽定憲法、外見的立憲主義、天皇大権	次の各点を質問し、前時を振り返る ・大日本帝国憲法が制定されるきっかけとなったできごとは何か ・大日本帝国憲法の性格はどのようなものだったか	・大日本帝国憲法制定の経緯やその特徴について正確に理解しているかどうか確認する 〈評価の観点〉 ・大日本帝国憲法にかかわる基本的な事項を理解、把握しているか（知識・理解）
展開 30分	本時の導入 ・日本国憲法は誰によって制定されたものと考えられるか？	グループ等での意見交流 　日本国憲法公布の際の天皇の上諭ならびに日本国憲法前文を参照して、憲法の制定者は誰であると考えられるか、検討して下さい	・公布の際の天皇の上諭（「裁可」「公布せしめる」といった文言）ならびに日本国憲法前文の国民主権にかかわる記述に注目させる 〈評価の観点〉 ・日本国憲法の制定過程に興味をもち、詳しく知りたいとの意欲をもつことができたか（関心、意欲、態度）
	日本国憲法制定の背景 ・ポツダム宣言はなぜ発せられたのか ・ポツダム宣言の内容 ・ポツダム宣言受諾に至る経緯 ・ポツダム宣言に対する日本政府の反応	・日本の戦況の悪化とヤルタ会談について確認する ・ポツダム宣言の第13項に着目させ、原子爆弾投下との関連について考察させる グループ等での意見交流 　ポツダム宣言を発せられた日本はどのような反応をしたのだろうか。指導者層、市民等色々な立場から考えてみよう	・日本の戦況を示した図表やポツダム宣言に至る経緯にかかわる史料を準備する 〈評価の観点〉 ・問われていることを各種の資料から適切に読み取れるか（技能） ・多様な立場を踏まえて自分なりの考えをもつことができたか（思考・判断・表現）
	日本国憲法制定の経緯 ・連合国と日本政府の関係 ・ポツダム宣言受諾と大日本帝国憲法の関係 ・日本の占領支配の方法 ・憲法草案作成をめぐる様々な動き ・憲法改正草案（松本案）とマッカーサー草案の比較 ・新しい衆議院を含む帝国議会での審議の意義と経緯 ・日本国憲法公布と施行	・敗戦を迎えて、連合国による占領支配が始まったことを確認する ・日本の占領統治の方法について当時のソ連とアメリカの関係と関連させながら理解させる ・民間による憲法草案として五日市憲法を取り上げ、その特徴を考察させる ・憲法改正草案（松本案）とマッカーサー草案を比較検討させる グループ等での意見交流 　憲法改正草案（松本案）とマッカーサー草案はどのような特徴をもっていたでしょうか　大日本帝国憲法や日本国憲法の条文などと比較しながら考えてみよう ・新しい衆議院の意義を選挙方法の変革などと関連付けながら考えさせる	・マッカーサーの写真や当時の日本の様子を写した写真などをもとに生徒の関心を引きつけながら、当時の時代状況を把握させる ・五日市憲法などの史料については、読みにくい語句などについて適宜解説を行う ・グループでの話し合いでは、その内容を発表させ、クラス全体で交流する 〈評価の観点〉 ・日本国憲法制定の経緯を史実から正確に把握することができたか（知識・理解） ・日本国憲法制定の意義とその経緯における課題について多様な立場から考察し、自分の考えを表現することができたか（思考・判断・表現）
整理 10分	本時のまとめと、次時への展望	・日本国憲法が当時の国民にどのように受け止められていたかを確認させる 以下の発問を行い、次時へつなげる 　・日本国憲法が民定憲法であるとする根拠を確認してみよう 　・日本国憲法の先駆性はどのようなところにあるのだろうか	・憲法制定時の世論調査などを資料として準備する 〈評価の観点〉 ・制定過程の学習を踏まえ、日本国憲法の意義や内容を探究したいとの意欲をもつことができたか（意欲・関心・態度）

高等学校　理科(化学基礎)学習指導案

　　　　　　　　　　　　　　　　　　　　　　　　　　指導教諭　○○　○○先生　印
　　　　　　　　　　　　　　　　　　　　　　　　　　早稲田大学実習生　○○　○○　　印

1．日　　時　　○○○○年○○月○○日(○曜日)第○校時　○○時○○分～○○時○○分(50分)

2．対象学年　　○○○○高等学校　第○学年○組(男子○○名、女子○○名、計○○名)

3．単 元 名　　酸と塩基

4．使用教科書　『化学基礎』(東京書籍)

5．学級・生徒観
　　授業中はおとなしい。活発に質問をする生徒もいるが、理解の速度が遅くなかなか授業に溶け込むことができないものがいる。また、中学時代に習うはずの事項が理解されておらず、学力に相当の差がある。小学校より「酸塩基」を扱ってきたはずだが、酸・塩基と指示薬の色の関係など基礎的な知識が身に付いていない生徒がいる。特に、「イオン」、「pH」、「中和と塩」に関しては、理解度に差があるように思える。このような基礎的知識は日常生活と関連づけて系統立てて、正しいイメージと知識の習得に結びつけることが大切である。中学時代の学習の復習をしながら、新しい事項を考えさせるように配慮する必要がある。

6．単 元 観
　　本単元は、小学校において「水溶液には酸性、アルカリ性及び中性のものがあること。」、中学校で「酸と塩基の性質や、酸と塩基を混ぜると中和して塩が生成すること。」を学習している。しかし、イオン、イオン式、中和と塩については、ていねいな説明が必要であると考える。また、ここでは酸および塩基の定義を理解させ、日常生活と関連づけて酸と塩基反応を捉えることが重要であり、酸と塩基の反応は中和反応を理解するための単元と考える。一方、酸と塩基は反応熱、平衡反応、実験などを通しての探究など、基本的な概念や法則を理解させる格好の材料である。自然に対する関心や探究心を高め、観察・実験などを行い、そこから導いた自らの考えを的確に表現するための単元と位置づけることもできる。

7．単元の指導目標
　　○日常生活と関連づけて酸と塩基、中和反応に関心をもち探究できること。
　　○酸と塩基の観察、実験などを行うことにより、酸・塩基の定義を理解し日常生活において、物質の新しい見方を習得すること。
　　○実験器具の取り扱いができるなど、中和滴定の技能を習得し、酸・塩基の濃度を求めることができる。モル濃度を理解する。
　　○酸と塩基の定義を理解し、いろいろな物質の分類ができるようにすること。

8．単元の指導計画　（8時間扱い）　　　　　　　　配当時間
　　(1) 酸と塩基：ArrheniusとBröstedの定義　　　　1 (本時)
　　(2) 酸塩基の強弱：電離度　　　　　　　　　　　1
　　(3) 水素イオン濃度：水のイオン積、モル濃度と電離度　1
　　(4) pHと指示薬：pHを用いる理由、変色域　　　　1
　　(5) 実験：pHの測定　　　　　　　　　　　　　　1 (本時)
　　(6) 中和と塩：塩の生成　　　　　　　　　　　　1
　　(7) 中和反応の量的関係：中和滴定　　　　　　　1
　　(8) 滴定曲線：酸塩基の強弱と滴定曲線　　　　　1

9．本時の学習
　　(1) 題目「pHの測定実験」
　　(2) 目標

第5章　学習指導案の作成

○水溶液のpHを調べることができる。
○pHと酸塩基の強弱，濃度と電離度との関係が理解できる。
○pHの測定を通じて測定の再現性や誤差について，考察ができるようになる。

(3) 本時の指導にあたって

　　本時は強酸，弱塩基または強塩基，弱塩基の水溶液のpH測定実験を通して，pHと酸塩基の強弱の関係を理解させていく実験である。また，濃度の異なる溶液を生徒自身に調整させて，濃度とpHの関係を考察させ，電離度の変化について考察させる。pHの意味，身近な物質の酸性・塩基性およびpHの値をあらかじめ確認させる。

10. 本時の指導計画

指導過程	学習活動	形態	支援／留意点	評価
導入 (15分)	実験計画の確認 ・前時に行った実験計画の確認を行う	一斉	・ワークシートを配布 ・実験器具の確認 ・役割分担 ・メガネ・白衣着用の注意	・ワークシート　既習事項の確認をする(知識) ・安全への配慮(技能)
展開 (20分)	学習課題の確認 1) pH試験紙を用い，その呈色によりpH値を判断できる。 2) モル濃度とpH，電離度とpHの関係が理解できる。	一斉	・課題，目標を意識させて指導する。 ・ワークシートに記入させる。	〈評価の観点〉 ・pHの意味を理解し計算ができる。便利さ及び実用性を理解できる。(知識・理解) ・異なる濃度，電離度の酸のpHを予測できたか。(思考)
	実験 1) 実験計画の確認 2) 0.1 mol/L塩酸のpHを測定する。 3) 0.1 mol/L酢酸のpHを測定する。 4) それぞれの酸をメスシリンダーを用いて1/10に希釈し，pHを測定する。	班別	・実験計画がきちんとできているか確認する。 ・実験する生徒，記録する生徒の役割分担をさせる。 ・結果を掲示板の表に記入させる。	〈評価の観点〉 ・酸塩基に関心を持ち，pH試験紙の適切な使用法を理解し，意欲的に実験したか。(関心・意欲)(技能)
	・実験結果をワークシートにまとめ，結果を検討しつつ実験する。 ・実験結果を掲示板に貼る。	個別	*pH試験紙の使い方が分からない生徒に支援を行う。	
まとめ (15分)	結果の発表 ・実験結果に不備がないか班で検討し，発表する。 ・強酸におけるモル濃度と電離度，及び弱酸におけるモル濃度と電離度の関係をまとめる。 ・pH試験紙による測定の精度と誤差を考える。	班別	・強酸においては濃度が濃くても電離度は1に近いが，弱酸ではどうか。pHの変化から考えさせる。 ・掲示板に貼った各班の結果の違いから，pH試験紙による測定の精度と誤差を考えさせる。	〈評価の観点〉 ・pH試験紙の適切な使用法を習得し，観察実験の過程や結果を表現できたか。(表現) ・強酸と弱酸のそれぞれにおける濃度と電離度の関係を理解できたか。(思考)(知識・理解) ・精度，誤差について検討したか。(観察実験の技能)
	まとめ ・pHの意味を復習する。 ・酸の濃度と電離度との関係を確認する。 ・自己評価を行う。 ・感想と考察を記述する。	一斉	・学習目標でどのようなところが分からなかったかを具体的に記述させる。	
	レポート提出 [実験題目][実験目標][理論][実験操作・器具薬品][結果][考察][文献]を記述したレポートを提出する。	個別	・次週までに実験のレポートを提出させる。 ・提出されたレポートを採点し，コメントを書いて返却する。	〈評価の観点〉 ・自分の言葉でレポートを書くことができたか。(表現) ・結果を検討できたか。(技能)(思考) ・結果を論理的に矛盾なく説明できたか。(思考)

高等学校　保健体育(体育)学習指導案

指導教諭　○○　○○先生　印
早稲田大学実習生　○○　○○　印

1. 日　　時　平成○○年○○月○○日(○曜日)第○校時　○○時○○分～○○時○○分
2. 対象学年　○○○○高等学校　第1学年○組(男子○○名、女子○○名、計○○名)
3. 単 元 名　球技(ゴール型：サッカー)
4. 単元の指導目標
   ○状況に応じたボール操作と空間を作りだすなどの連携した動きを身に付けさせる。また、チームの作戦や状況に応じた技能をゲームで発揮できるようにする。(技能)
   ○健康や安全に留意しながら主体的に取り組むとともに、フェアプレイを大切にしようとする態度を育成する。また、練習やゲームの際の役割を積極的に引き受け、自己の責任を果たせるようにする。(態度)
   ○サッカーの技術の名称や行い方、体力の高め方、課題解決の方法、競技会の仕方を理解させ、チームや自己の課題に応じた運動の取り組み方を工夫できるようにする。(知識、思考・判断)
5. 単元の評価規準

【関心・意欲・態度】	【思考・判断】	【技能】	【知識・理解】
・練習やゲームで相手を尊重するなどのフェアなプレイを大切にしようとする。 ・練習やゲームの際に、役割を積極的に引き受け、責任をもって自主的に取り組もうとする。 ・チームの課題解決に向けて、チームの話合いに責任をもってかかわろうとする。 ・自己や仲間の健康や安全に気を配って活動しようとする。 ・用具の安全を確認したり、段階的な練習をしようとする。	・自己のチームや相手チームの特徴を踏まえて戦術や作戦を選んでいる。 ・仲間に対して、技術的な課題や有効な練習方法の選択について指摘している。 ・健康や安全を確保するために、体調に応じて適切な練習を選んでいる。 ・球技を継続的に楽しむための自己に適したかかわり方を見つけている。	・守備者が守りにくいタイミングでシュートを打つことができる。 ・ゴールの枠内にシュートをコントロールできる。 ・見方が操作しやすいパスを送ることができる。 ・守備者とボールの間に自分の体を入れてボールをキープすることができる。 ・ゴール前に広い空間を作り出すために守備者を引き付けてゴールから離れることができる。 ・パスを出した後に次のパスを受ける動きをすることができる。 ・ゴールとボール保持者を結んだ直線上を守ることができる。 ・ゴール前の空いている場所をカバーすることができる。	・サッカーにおいて用いられる技術や戦術、作戦の名称と、それらの適切な用い方について具体例をあげている。 ・サッカーの技術は、ボール操作とボールを持たないときの動きに大別できることについて言ったり書き出したりしている。 ・サッカーに必要な技術と関連させた補強運動や部分練習を取り入れたり継続して行ったりすることで体力を高めることができることについて言ったり書き出したりしている。 ・練習やゲーム中の技能を観察したり分析したりするための自己観察や他者観察などについて具体例をあげている。

6　単元の指導計画　(12時間扱い)

時間		学種活動
導入	1	オリエンテーション ・学習のねらいと学習の進め方について確認する。 ・準備運動、技術練習(フリーランニングパス、コーンをねらってシュート) ・試しのゲーム(7対7)
展開	2-6	【ねらい1】状況に応じたボール操作と空間を作りだすなどの動きを身に付け、ゲームを行う。 ・準備運動 ・技術練習(ボールキープ、プルアウェイ、パスからのシュート) ・攻撃練習(3対2のミニゲーム、ハンドパス→足パス) ・チームの話合い(作戦の立案) ・4対4ゲーム(横幅の広いコート、2ゴール)
	7-11	【ねらい2】チームの課題に応じた作戦や練習方法を工夫し、ゲームを行う。 ・準備運動 ・技術練習(パスリターンからのシュート) ・チームの話合い(作戦の立案)、チーム練習 ・7対7ゲーム(リーグ戦)
まとめ	12	サッカー大会(決勝トーナメント戦)、学習のまとめ

第5章　学習指導案の作成　　73

7　本時の指導目標
　○プルアウェイや守備者を引き付けるなどの空間を作りだす動きによって攻撃を組み立てることができる。（技能）
　○チームの課題の解決に向けてチームの話合いに積極的にかかわることができる。（態度）
　○空間を作りだす動きについて知り、自己のチームの特徴を生かした作戦を選ぶことができる。（知識、思考・判断）

8　本時の指導計画　（6時間目／12時間）

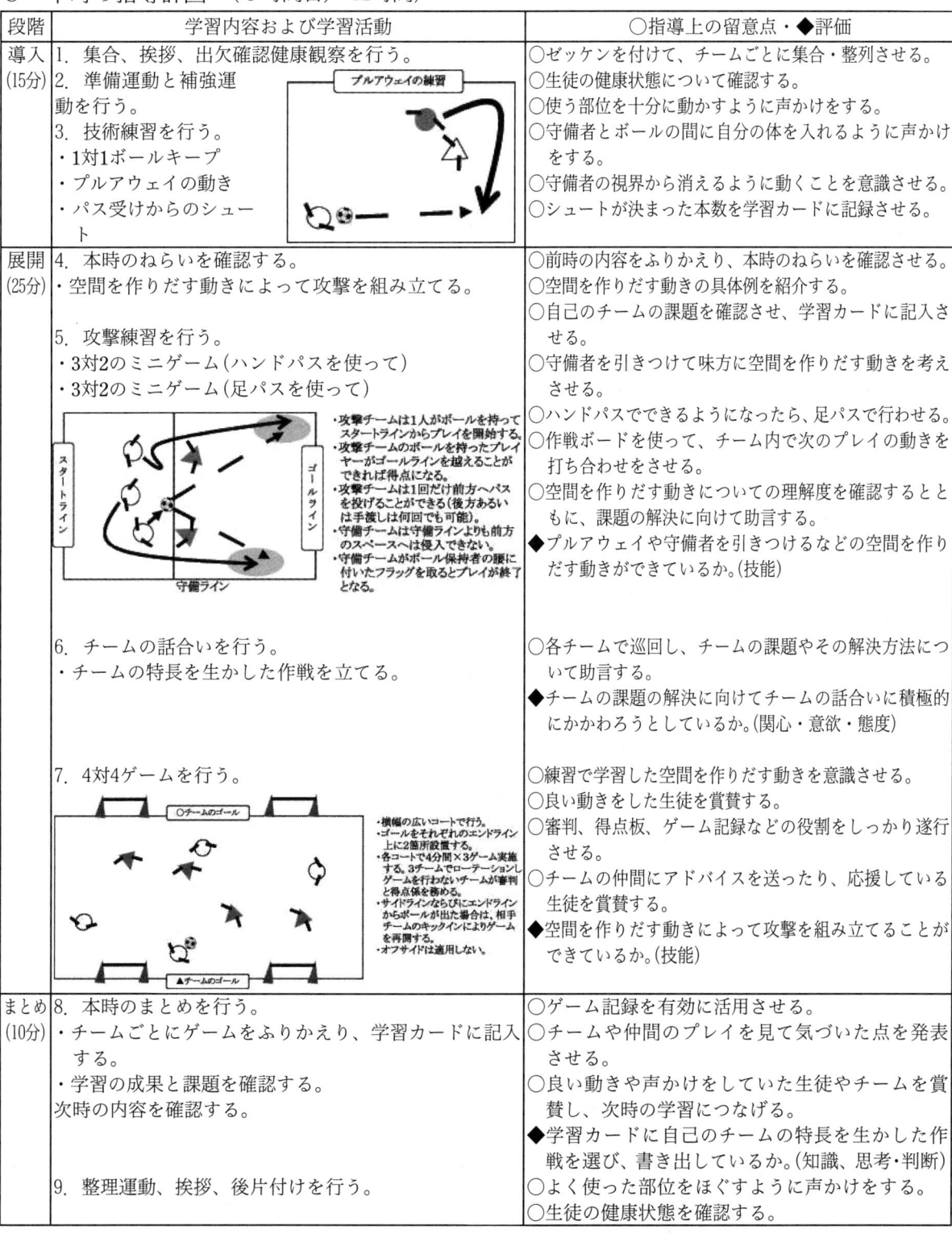

段階	学習内容および学習活動	○指導上の留意点・◆評価
導入 (15分)	1. 集合、挨拶、出欠確認健康観察を行う。 2. 準備運動と補強運動を行う。 3. 技術練習を行う。 ・1対1ボールキープ ・プルアウェイの動き ・パス受けからのシュート	○ゼッケンを付けて、チームごとに集合・整列させる。 ○生徒の健康状態について確認する。 ○使う部位を十分に動かすように声かけをする。 ○守備者とボールの間に自分の体を入れるように声かけをする。 ○守備者の視界から消えるように動くことを意識させる。 ○シュートが決まった本数を学習カードに記録させる。
展開 (25分)	4. 本時のねらいを確認する。 ・空間を作りだす動きによって攻撃を組み立てる。 5. 攻撃練習を行う。 ・3対2のミニゲーム（ハンドパスを使って） ・3対2のミニゲーム（足パスを使って） ・攻撃チームは1人がボールを持ってスタートラインからプレイを開始する。 ・攻撃チームのボールを持ったプレイヤーがゴールラインを越えることができれば得点となる。 ・攻撃チームは1回だけ前方へパスを投げることができる（後方あるいは手渡しは何回でも可能）。 ・守備チームは守備ラインよりも前方のスペースへは侵入できない。 ・守備チームがボール保持者の腰に付いたフラッグを取るとプレイが終了となる。 6. チームの話合いを行う。 ・チームの特長を生かした作戦を立てる。 7. 4対4ゲームを行う。 ・横幅の広いコートで行う。 ・ゴールをそれぞれのエンドライン上に2箇所設置する。 ・各コートで4分間×3ゲーム実施する。3チームでローテーションしゲームを行わないチームが審判と得点係を務める。 ・サイドラインならびにエンドラインからボールが出た場合は、相手チームのキックインによりゲームを再開する。 ・オフサイドは適用しない。	○前時の内容をふりかえり、本時のねらいを確認させる。 ○空間を作りだす動きの具体例を紹介する。 ○自己のチームの課題を確認させ、学習カードに記入させる。 ○守備者を引きつけて味方に空間を作りだす動きを考えさせる。 ○ハンドパスでできるようになったら、足パスで行わせる。 ○作戦ボードを使って、チーム内で次のプレイの動きを打ち合わせをさせる。 ○空間を作りだす動きについての理解度を確認するとともに、課題の解決に向けて助言する。 ◆プルアウェイや守備者を引きつけるなどの空間を作りだす動きができているか。（技能） ○各チームで巡回し、チームの課題やその解決方法について助言する。 ◆チームの課題の解決に向けてチームの話合いに積極的にかかわろうとしているか。（関心・意欲・態度） ○練習で学習した空間を作りだす動きを意識させる。 ○良い動きをした生徒を賞賛する。 ○審判、得点板、ゲーム記録などの役割をしっかり遂行させる。 ○チームの仲間にアドバイスを送ったり、応援している生徒を賞賛する。 ◆空間を作りだす動きによって攻撃を組み立てることができているか。（技能）
まとめ (10分)	8. 本時のまとめを行う。 ・チームごとにゲームをふりかえり、学習カードに記入する。 ・学習の成果と課題を確認する。 　次時の内容を確認する。 9. 整理運動、挨拶、後片付けを行う。	○ゲーム記録を有効に活用させる。 ○チームや仲間のプレイを見て気づいた点を発表させる。 ○良い動きや声かけをしていた生徒やチームを賞賛し、次時の学習につなげる。 ◆学習カードに自己のチームの特長を生かした作戦を選び、書き出しているか。（知識、思考・判断） ○よく使った部位をほぐすように声かけをする。 ○生徒の健康状態を確認する。

高等学校　情報(社会と情報)学習指導案

指導教諭　○○　○○先生　印
早稲田大学実習生　○○　○○　　印

1. 日　　時　○○○○年○○月○○日(○曜日)第○校時　○○時○○分〜○○時○○分(50分)

2. 対象学年　○○○○高等学校　第○学年○組(男子○○名、女子○○名、計○○名)

3. 単 元 名　「知的財産の保護と活用」
   第3章「望ましい情報社会を構築するために」　第1節「情報化が社会に及ぼす影響と課題」内

4. 使用教科書　『社会と情報』(日本文教出版)

5. 学級・生徒観
   賑やかなクラスであるため、うまくコントロールしないとゆるんだ雰囲気の授業になってしまう。

6. 単 元 観
   知的財産(以下、知財と略)権は人間社会の文化的発展を維持するために重要な考えである。これが保護されないとその社会の文化的水準が下がり、ひいては我々の文化的生活に大きな影響を与えることになる。情報技術の進展、とくにデータのデジタル化とネットワークインフラの整備は、知財の違法なコピーとその拡散という事態をもたらした。知財は現在大きな危機にあるといえる。

7. 単元の指導目標
   ①なぜ知財を保護することが必要なのかを理解する。
   ②情報技術の進展が知財保護に関してどのような影響を与えているのかを理解する。
   ③知財の内容(どのようなものが知財なのか)を理解する。
   ④知財に関する権利の1つとして著作権を取り上げ、その侵犯の現状を確認するとともに、我々が今後なすべきことを考える。

8. 単元の指導計画　(3時間扱い)
   ①上記7①②③、上記7④について、クラスを8チームに分け以下のテーマの概要を説明し、その1つにつき担当2チームを決める……1時間
   テーマ:「著作権侵害の事件と判例」「著作権を保護する技術」「各国における著作権保護の現状」「著作権保護法とその課題」
   ②コラボレーション活動により、与えられた課題について調査し、プレゼンテーションファイル(PPT)を作成する……1時間(本時はこの1時間)
   ③作成したPPTファイルを用い、各チーム3分のプレゼンテーション、2分の質疑応答を行う。全プレゼンテーションが終わった後で上記7④に関する総括を行う……1時間

9. 本時の指導目標
   ①PPTスライド作成に際して、アカデミックなプレゼンテーションを想定した時のデザイン・レイアウトの注意、見やすく効果的なスライドづくりの基本技術
   ②調査する資料の選別方法(ここではWeb情報だけに限定する。Webサイトにおける情報の質)の確認
   ③プレゼンテーションの説得力を高めるために留意すべきこと(客観性、論理性等)の確認
   ④コラボレーション活動において、役割責任を果たすことの重要性
   ⑤実習過程で著作権とそれを取り巻く問題への理解を深めること

10. 事前準備、配布資料
- ✓ 上記9①②③の内容をまとめたレジュメと映像用PPT教材
- ✓ コラボレーション活動評価シート

11. 本時の指導計画

指導過程	学習内容	指導内容・生徒の学習活動	指導上の留意点／評価の観点
導入 5分	前時の復習 本時の進行の説明 ✓レジュメ・コラボレーション評価シートの配布	✓情報化の進展が知財の保護を脅かしている現状の確認 ✓なぜその4つの視点を取り上げたのか、の説明 ✓評価シートを見ながら、コラボレーションに臨む姿勢(役割責任)に関する注意を与える。	
展開 10分	プレゼンテーションスライド作成時の注意 ✓アカデミックプレゼンテーションスライドにおけるデザイン・レイアウト等の注意(フォント・色彩・アニメーション・画像の配置等) ✓資料収集における注意(Web情報の質、様々な情報メディアとその情報の特性) ✓プレゼンテーションの客観性を高める技術(客観性を高めるには？論理性を高めるには？)	レジュメとPPT教材を併用しながら講義を進行する ✓フォントはポップ体等、奇をてらったものを使わない ✓文章は箇条書き・文字を小さくしない ✓色彩は落ち着いたものを、できればキーカラーを決める。 ✓適宜画像・グラフ・動画を配置しオーディエンスにとって理解しやすくする。 ✓アニメーションはうるさくしない。 ✓Web情報は玉石混交であること、その中でできるだけオフィシャルな情報を探すことを心がける。 ✓データの信憑性とデータ数を増す努力 ✓検索先が信用のおけるサイトであること ✓引用先・参照先を明示することにより内容の信用が増す。	✓講義の時間が限られているので、PPT教材は要点を押さえ簡潔に作る。 ✓どのような場を想定したプレゼンテーションであるかを意識させる(オーディエンスは誰なのか？何を伝えたいのか？)。
実習 30分	以上の知識・注意を踏まえ、チーム毎に実習に入らせる。	チーム毎にまとまらせる。 ✓評価シートに沿って役割分担、進行計画の相談 ✓各役割にそって調査・PPTスライド作成活動	適宜机間指導し、望ましいコラボレーション環境を作る配慮を行う。時間を示しながら能率的な作業進行を促す)。 〈評価の観点〉 ✓情報の信頼性や信憑性について考えられたか？(思考・判断) ✓情報技術の進展が社会に及ぼす影響について関心を持ち、具体的に調べられたか？(意欲・関心・態度) ✓情報技術と社会との望ましいあり方について考えられたか？(思考・判断) ✓的確に情報収集を行い、効果的にその結果を表現できたか？(技能・表現)
まとめ 5分	ファイルの提出 次回授業の説明	✓共有フォルダへ課題ファイルの提出を促す。その際ファイル名の付け方を指示する。 ✓次回授業でチーム毎に3分のプレゼン、2分の質疑応答を行うことの確認。次回コラボレーション評価シートを回収することの確認。	

単元指導計画付帯版

中学校　社会(公民的分野)学習指導案

　　　　　　　　　　　　　　　　　　　　指導教諭　　　　○○　○○先生　印
　　　　　　　　　　　　　　　　　　　　早稲田大学実習生　○○　○○　　　印

1．日　　時　　平成○○年○○月○○日(○曜日)第○校時

2．対象学級　　○○立○○中学校　第3学年○組

3．単元名　　私たちのくらしと経済　(5時間配当)　教科書『　　　』(出版社)

4．単元の指導目標
　(1) 市場経済についての基本的な考え方、経済活動の意義、貨幣の役割を理解させる。
　(2) 価格や景気の変動が生産者と消費者に与える影響について理解させる。

5．本　　時
　(1) 学習主題　貨幣のはたらきと通貨
　(2) 指導目標
　　①経済活動における貨幣の役割の重要性について理解させる。
　　②貨幣の歴史的変遷と現在の通貨の価値について理解させる。
　(3) 指導計画

指導過程	学習内容	学習活動	指導上の留意点・評価規準
導入(10分)	(1)貨幣の歩み (物々交換) ・物品貨幣　・金属貨幣 ・紙幣	・「財」「貨」等、貝の付く漢字の共通点について考える。 ・紙幣とそれまでの貨幣の違いに気付き、ワークシートに記入する。	・解答を選択式にして、生徒の興味・関心を高める。 ・1枚の紙である紙幣がお金として使えることについて、問題提起する。
展開(35分)	(2)貨幣の役割 ・交換の手段 ・価値の尺度 ・貯蔵の手段	・市場経済における貨幣の役割である①交換の手段②価値の尺度③貯蔵の手段について、それぞれ具体例をあげて説明する。 (グループごとの話し合い・発表) ・他のグループの発表についても、ワークシートに記入する。	・生徒同士の意見交換を促すため、机間指導を行う。 ・生徒に発表させた後、説明を追加する。 【思】貨幣の役割について話し合い、まとめている。(観察)
	(3)通貨 ・2種類の紙幣 ・通貨の価値と日本銀行	・昭和17年と18年の紙幣の写真を比較し、違いをワークシートに記入する。 ・金準備による紙幣と金準備の裏付けのない紙幣について理解し、現在の通貨の価値が日本銀行の役割によって保たれていることを理解する。	・通貨の定義について説明し、貨幣と通貨が混同しないように留意する。 ・導入での問題提起と関連付け、疑問が解決できるようにする。 【技】2つの写真資料を比較し、違いを読み取っている。(ワークシート)
	・キャッシュレス社会	・現金を使わずに支払いができる方法をワークシートに記入し、発言する。	・発言の機会が少なかった生徒を中心に発問する。
まとめ(5分)	本時の学習内容のまとめ	・教科書の重要箇所を読む。 ・ワークシートを振り返る。	・経済を学習する中で、「価値」が1つのキーワードであることを強調する。

6　本時の指導評価
　①教材を効果的に活用できたか。
　②生徒の作業の際に、適切な指導ができたか。
　③経済に関する言葉について、わかりやすい具体例を用いて説明できたか。

【単元指導計画】

1. 単元名　私たちのくらしと経済

2. 単元の指導目標　（前掲）

3. 単元の評価規準

社会的事象への関心・意欲・態度【関】	社会的な思考・判断・表現【思】	資料活用の技能【技】	社会的事象についての知識・理解【知】
個人や企業の経済活動に対する関心を高め、それを意欲的に追求し、経済活動について考えようとしている。	企業の役割と社会的責任、職業の意義と役割、雇用と労働条件について多面的に考察し、個人や企業の経済活動を公正に判断できる。	個人と企業の経済活動に関する様々な資料を収集し、適切に選択して活用するとともに、追求・考察の結果をまとめ、説明できる。	経済活動の意義、市場経済の基本的な考え方、生産の仕組みのあらまし、金融の働きについて理解し、その知識を身に付けている。

4. 指 導 観
   (1) 単元観
   　　身近な消費生活を中心に、市場経済の基本的な考え方、経済活動の意義、市場経済における貨幣の役割を理解させる。さらに、価格や景気の変動が生産者と消費者に与える影響について理解させる。
   (2) 生徒観　（※更に、学習への取組の傾向を記載する。）
   　　生産や販売の仕事と生活とのかかわりについて小学校で既習しているが、貨幣、需要と供給、物価等の経済用語は未習である。
   (3) 教材観
   　　教科書のほか、ワークシート・写真資料・実物資料・グラフ・新聞記事を用いる。

5. 単元の指導計画と評価計画　（5時間扱い）

単元構成	時	学習内容・学習活動	評価計画(評価方法)
くらしのなかの経済	1	①生産と消費の繰り返しが経済であり、それらが労働と分業で支えられていることを理解する。 ②買い物という商品の選択行為と経済のかかわりについて考える。(ペアワーク)	【関】買い物における商品の選択の基準について関心を持ち、発言しようとしている。(挙手、観察) 【思】労働と分業がどのように生産と消費の関係を支えているか話し合い、まとめている。(ノート)
経済の流れ	2	①市場経済のしくみを知り、貨幣の流れと経済の循環について理解する。(ペアワーク) ②コンビニエンスストアの例を通して、消費者と生産者を結ぶ流通のはたらきを理解する。	【思】コンビニエンスストアにおける商品とお金の流れを話し合い、まとめている。(ノート) 【知】経済の循環を表した図に、語句を適切に記述している。(ワークシート)
貨幣のはたらきと通貨	3	①経済活動における貨幣の役割の重要性について理解する。(グループ・発表) ②貨幣の歴史的変遷、現在の通貨の価値を考える。	【思】貨幣の役割を話し合い、まとめている。(観察) 【技】2つの写真資料を比較し、違いを読み取っている。(ワークシート)
価格の変動とはたらき	4	①需要量と供給量の関係から、市場価格の変化について理解する。 ②市場価格における価格の内訳から、生産者の利潤の決まり方について考える。(グループワーク)	【知】需要と供給による価格の変化をグラフに示すことができる。(ワークシート) 【技】新聞記事から生産者心理を読み取っている。(発表)
景気の変動と国民生活	5	①価格と物価の違い、物価の変動とインフレーション・デフレーションについて理解する。 ②物価や景気の変動の国民生活への影響を考える。	【知】物価・インフレーション・デフレーションの意味を理解し、記述している。(ワークシート) 【関】国民生活との関連をまとめている。(ノート)

6. 指導にあたっての工夫等
   ・授業形態　　一斉授業の中に、ペアワークやグループワークを取り入れ、まとめに役立てる。
   ・指導方法　　重要事項の理解のため、板書を工夫する。
   ・教材　　　　わかりやすい教材を準備し、生徒の作業時にはワークシートを活用する。

「評価規準」と学習指導案・単元指導計画

1.「評価規準」

　「評価規準」の用語は、1991年4月の指導要録の改訂に関する「文部省初等中等教育局長通知」で使用され、各教科の観点別学習状況を、学習指導要領で示す目標に照らして、A「十分満足できると判断されるもの」、B「おおむね満足できると判断されるもの」、C「努力を要すると判断されるもの」の3段階で評価することについての指摘があった。2000年12月の教育課程審議会答申(「児童生徒の学習と教育課程の実施状況の評価の在り方について」)は、学校における評価が客観的で信頼できるものでなければならないとして、「観点別学習状況の評価」と「評定」の双方を「目標に準拠する評価」(絶対評価)に改めるよう提言した。

　観点別学習状況の記述と評価方法は、授業担当者に委ねられているが、その際、国立教育政策研究所の「評価規準」に関するホームページが参考となる。
　http://www.nier.go.jp/kaihatsu/shidousiryou.html
　観点別学習状況は、1年間の学習指導を通じて評価するのであるが、評価作業の具体的な方法としては、年間の評価計画に基づいて、各単元ごとに評価作業を行うことが現実的である。更に、1時間の学習指導においては、指導過程の時間的制約のため、選択した1～2の観点についてのみ学習状況を評価することになる。これは、1時間ごとではなく単元ごとに、すべての観点について複数回の評価活動を行い、客観性、信頼性のある評価結果を得るという考え方である。学習指導案に単元指導計画を付帯させるのは、1時間の評価活動と単元の評価計画との関連を示すためである。

2．学習指導案（単元指導計画付帯版）の作成上の留意点

　76～77頁に、研究授業等における学習指導案（単元指導計画付帯版）の作成例を掲載する。ここでは、2頁に収めたが、実際には授業者の考えに基づいて作成するものであり、頁数に制約はない。授業で使用する配布資料は、この後に添付することになる。
　①学習指導案の構成は、作成例を参考とする。
　②単元の指導目標は、学習指導要領の記述を参考にして記載する。
　③5の(3)指導計画の「指導上の留意点・評価規準」欄の評価規準は、生徒の学習状況(B段階)について、「……している。」「……できる。」と記述すること。(　　)内には、観察、ノート、挙手、プリント、ワークシート等と、学習状況の評価方法を記述すること。
　④6の「本時の指導評価」は、従来の「評価」にあたるもので、教材の効果的使用や、分かりやすい授業ができたかどうか、などの指標を記述する。

【単元指導計画】
　①3に、「単元の評価規準」を掲載する。評価規準は、国立教育政策研究所のホームページにおける記述を掲載する。記述内容については、授業者が変更することもある。
　②4の「指導観」の(1)単元観は、5の「単元の指導計画と評価計画」の「学習内容」の欄を要約して記述する。
　③4の「指導観」の(2)生徒観は、第一に、単元で取り扱う内容について学習指導要領で確認し、既習、未習の状況を記述する。第二に、授業を行う学級の生徒について、学習への取組の傾向を記述する。
　④4の「指導観」の(3)教材観は、使用する教材について記述する。
　⑤5の「単元の指導計画と評価計画」は、「単元構成」「時」「学習内容・学習活動」「評価計画(評価方法)」について、表組みで記述する。
　⑥6の「指導に当たっての工夫等」では、授業形態、指導方法、教材などを記載する。

資　料──観点別学習状況の評価の観点──

中　学　校

【国　語】
「話すこと・聞くこと」
　・国語への関心・意欲・態度
　・話す・聞く能力
　・言語についての知識・理解・技能
「書くこと」
　・国語への関心・意欲・態度
　・書く能力
　・言語についての知識・理解・技能
「読むこと」
　・国語への関心・意欲・態度
　・読む能力
　・言語についての知識・理解・技能

【社　会】
（地理的分野）
（歴史的分野）
（公民的分野）
　・社会的事象への関心・意欲・態度
　・社会的な思考・判断・表現
　・資料活用の技能
　・社会的事象についての知識・理解

【数　学】
「数と式」「図形」「関数」「資料の活用」
　・数学への関心・意欲・態度
　・数学的な見方や考え方
　・数学的な技能
　・数量や図形などについての知識・理解

【理　科】
（第1分野）（第2分野）
　・自然事象への関心・意欲・態度
　・科学的な思考・表現
　・観察・実験の技能
　・自然事象についての知識・理解

【保健体育】
（体育分野）
　「体つくり運動」「器械運動」「陸上競技」
　「水泳」「球技」「武道」「ダンス」
　・運動への関心・意欲・態度
　・運動についての思考・判断
　・運動の技能
　・運動についての知識・理解
「体育理論」
　・運動への関心・意欲・態度
　・運動についての思考・判断
　・運動についての知識・理解
（保健分野）
「心身の機能の発達と心の健康」「健康と環境」
「傷害の防止」「健康な生活と疾病の予防」
　・健康・安全への関心・意欲・態度
　・健康・安全についての思考・判断
　・健康・安全についての知識・理解

【外国語】
「聞くこと」
　・コミュニケーションへの関心・意欲・態度
　・外国語理解の能力
　・言語や文化についての知識・理解
「話すこと」
　・コミュニケーションへの関心・意欲・態度
　・外国語表現の能力
　・言語や文化についての知識・理解
「読むこと」
　・コミュニケーションへの関心・意欲・態度
　・外国語表現の能力
　・外国語理解の能力
　・言語や文化についての知識・理解
「書くこと」
　・コミュニケーションへの関心・意欲・態度
　・外国語表現の能力
　・言語や文化についての知識・理解

高　等　学　校

【国　語】
（国語総合）
　「話すこと・聞くこと」
　・関心・意欲・態度
　・話す・聞く能力
　・知識・理解
　「書くこと」
　・関心・意欲・態度
　・書く能力
　・知識・理解
　「読むこと」
　・関心・意欲・態度
　・読む能力
　・知識・理解
（国語表現）
　・関心・意欲・態度
　・話す・聞く能力
　・書く能力
　・知識・理解
（現代文A）
　・関心・意欲・態度
　・読む能力
　・知識・理解
（現代文B）

・関心・意欲・態度
・話す・聞く能力
・書く能力
・読む能力
・知識・理解

(古典A)(古典B)
・関心・意欲・態度
・読む能力
・知識・理解

【地理歴史】
(世界史A)(世界史B)
(日本史A)(日本史B)
(地理A)(地理B)
・関心・意欲・態度
・思考・判断・表現
・資料活用の技能
・知識・理解

【公　民】
(現代社会)(倫理)(政治・経済)
・関心・意欲・態度
・思考・判断・表現
・資料活用の技能
・知識・理解

【数　学】
(数学Ⅰ)(数学Ⅱ)(数学Ⅲ)
(数学A)(数学B)(数学活用)
・関心・意欲・態度
・数学的な見方や考え方
・数学的な技能
・知識・理解

【理　科】
(科学と人間生活)
(物理基礎)(物理)
(化学基礎)(化学)
(生物基礎)(生物)
(地学基礎)(地学)
(理科課題研究)
・関心・意欲・態度
・思考・判断・表現
・観察・実験の技能
・知識・理解

【保健体育】
(体育)
「器械運動」「陸上競技」「水泳」「球技」「武道」「ダンス」
・関心・意欲・態度
・思考・判断
・運動の技能
・知識・理解

「体つくり運動」
・関心・意欲・態度
・思考・判断
・知識・理解

(保健)
・関心・意欲・態度
・思考・判断
・知識・理解

【外国語】
(コミュニケーション英語Ⅰ)
「聞くこと」
・コミュニケーションへの関心・意欲・態度
・外国語理解の能力
・言語や文化についての知識・理解
「読むこと」
・コミュニケーションへの関心・意欲・態度
・外国語表現の能力
・外国語理解の能力
・言語や文化についての知識・理解
「話すこと」
・コミュニケーションへの関心・意欲・態度
・外国語表現の能力
・言語や文化についての知識・理解
「書くこと」
・コミュニケーションへの関心・意欲・態度
・外国語表現の能力
・言語や文化についての知識・理解

(コミュニケーション英語基礎)(コミュニケーション英語Ⅱ)(コミュニケーション英語Ⅲ)(英語会話)
・コミュニケーションへの関心・意欲・態度
・外国語表現の能力
・外国語理解の能力
・言語や文化についての知識・理解

(英語表現Ⅰ)(英語表現Ⅱ)
・コミュニケーションへの関心・意欲・態度
・外国語表現の能力
・言語や文化についての知識・理解

【情　報】
(社会と情報)(情報の科学)
・関心・意欲・態度
・思考・判断・表現
・技能
・知識・理解

ノートa

第 6 章

教育実習の記録

□ここから125ページまでは、実習期間中や実習終了後に記述するノート部分です。

□記述内容・記述マナーは教育実習の評価の対象となります。
□記述部分は、ノートa 、ノートb 、ノートc に分かれています。
□実習校から資料をみせてもらう必要のある記述項目もあります。
□ ノートa 、ノートb は実習期間中にまとめ、ノートc は実習終了後の記述が可能です。
　実習校から ノートc についても記述内容をみせてほしいと言われた場合は、記述した上で一時預けます。
□記述にあたっては、以下のことを守ってください。

> 1．黒の筆記用具で記述（鉛筆書きは不可）
>   「実習時間割及び実習内容」の頁などは、記述内容をカテゴリー別にカラー化するなどの工夫も可
> 2．手書き、ならびにパソコン使用可
> 3．パソコンの場合は、スペースに合わせて作成する。作成原稿を縮小して貼付してもよい。
> 4．各項目とも、自ら直接記載すること。「実習校のアウトライン」の箇所について、以下のような対応は不可とする。
>   a．実習校の入試パンフレットの挿入
>   b．実習校の関係資料のコピーの貼付

1. 事前打合せの記録

a. 打合せ日に至るまでの経過

a-1：大学委託実習の場合は、教職課程事務所への書類提出・説明会等を記載
a-2：個人実習の場合は、実習校との連絡過程・事前訪問等を記載

b. 打合せ日の記録

日　時	年　　月　　日（　）（　　：　　～　　：　　）
場　所	

打合せ内容・注意事項（打合せ日の実習校担当者も記載のこと）

◤ 実習校から配布された実習予定表などについては、そのコピーを本書の巻末に添付してください ◢

2．担任学級時間割表

		月	火	水	木	金	土
1	教科等						
	指導教諭						
2	教科等						
	指導教諭						
3	教科等						
	指導教諭						
4	教科等						
	指導教諭						
5	教科等						
	指導教諭						
6	教科等						
	指導教諭						

3．実習時間割及び実習内容

第1週（　　月　　日　〜　　月　　日　）

時限＼曜日	月	火	水	木	金	土
始業前						
1						
クラス名						
2						
クラス名						
3						
クラス名						
4						
クラス名						
5						
クラス名						
6						
クラス名						

第2週（　　月　　日　〜　　月　　日　）

時限＼曜日	月	火	水	木	金	土
始業前						
1						
クラス名						
2						
クラス名						
3						
クラス名						
4						
クラス名						
5						
クラス名						
6						
クラス名						

第3週（　　月　　日 ～ 　　月　　日　）

時限＼曜日	月	火	水	木	金	土
始業前						
1						
クラス名						
2						
クラス名						
3						
クラス名						
4						
クラス名						
5						
クラス名						
6						
クラス名						

第4週（　　月　　日 ～ 　　月　　日　）

時限＼曜日	月	火	水	木	金	土
始業前						
1						
クラス名						
2						
クラス名						
3						
クラス名						
4						
クラス名						
5						
クラス名						
6						
クラス名						

4．実習校のアウトライン

a．学校名
b．所在地 〒 TEL/FAX E-mail URL
c．学校沿革（創立から現在までの主なできごと）
d．校訓・教育方針・指導目標（私学の場合は、教旨・建学の精神等）

e．生徒数

学年	男子	女子	計	クラス数
1				
2				
3				
4				
計			総生徒数 （　　）名	

f．学校を取り巻く環境、および学校と地域社会との連携・関係

g．教職員の構成と各種委員会[図示可]
　(1) 教職員の構成(校長、教頭(副校長)、主任、教諭[教科別等]、講師、職員、校医等の構成と人数)

(2) 校務分掌（教員の職務分担・各種委員会）

h．生徒たちの諸活動

(1) 生徒たちの活動（生徒会活動、部活動等）

(2) 生徒たちの活躍（スポーツ、芸術、社会的活動面での実績）

i．担当学級の概況（学級担任でない場合は、教壇実習の対象となった学級について記す）

学級の第一印象

(1) どんな生徒たちか―学級集団模様―
(2) 学習内容の理解度
(3) 授業中の態度
(4) 教室の環境整備
(5) その他気づいたこと

5．教育実習評価表

_____月_____日(　)　_____時限　実習生名_____　No.

主　題（小単元）

観　察　項　目		評価およびコメント
話し方	明瞭簡潔か	
	理路整然として説得力があるか	
	声に張りがあり、よくとおるか	
	間のとり方は十分か	
	生徒の理解度を考慮しているか	
	話にゆとり（やユーモア）がみられるか	
態度	熱意・力強さはどうか	
	落ち着いているか	
	親しみやすいか	
	位置・動き・姿勢などは適切か	
	全体への目配りがなされているか	
	生徒が気になるような目立つくせがないか	
授業展開	学習指導案の作成と教材準備は適切か	
	導入は適切であったか	
	説明（要点・強調点）は十分か	
	教材・教具は活用されていたか	
	引例・具体例の提示はどうだったか	
	話の構成と時間の配分はうまくいったか	
	指導目標が達成されたかどうか	
総　評（評価の基準はＡ（優秀），Ｂ（ふつう），Ｃ（要注意））〔前回からの進捗度についての評価を含む〕		

・本表は教壇実習前に必要枚数をコピーし、評価者に渡しておくこと。
・教壇実習の毎に毎回使用するが、実習を通して４回分程度をここに添付保存する。

評価者（原則として指導教諭や他教諭、やむを得ない場合のみ同僚の実習生）

指導教諭_____　　　同僚の実習生_____

　　　　月　　日（　）　　時限　　実習生名　　　　　　　　　　　　　　　　No.

主　題（小単元）

観　察　項　目		評価およびコメント
話し方	明瞭簡潔か	
	理路整然として説得力があるか	
	声に張りがあり、よくとおるか	
	間のとり方は十分か	
	生徒の理解度を考慮しているか	
	話にゆとり（やユーモア）がみられるか	
態度	熱意・力強さはどうか	
	落ち着いているか	
	親しみやすいか	
	位置・動き・姿勢などは適切か	
	全体への目配りがなされているか	
	生徒が気になるような目立つくせがないか	
授業展開	学習指導案の作成と教材準備は適切か	
	導入は適切であったか	
	説明（要点・強調点）は十分か	
	教材・教具は活用されていたか	
	引例・具体例の提示はどうだったか	
	話の構成と時間の配分はうまくいったか	
	指導目標が達成されたかどうか	
総　評（評価の基準はＡ（優秀），Ｂ（ふつう），Ｃ（要注意））（前回からの進捗度についての評価を含む）		

・本表は教壇実習前に必要枚数をコピーし、評価者に渡しておくこと。
・教壇実習の毎に毎回使用するが、実習を通して４回分程度をここに添付保存する。

評価者（原則として指導教諭や他教諭、やむを得ない場合のみ同僚の実習生）

指導教諭　　　　　　　　　　　　　　　　　　　同僚の実習生

6．研究授業の記録と自己評価

日　　時	年　　月　　日(　　)　　時限　　：　　～　　：
対　　象	
主　　題(単元名)	
教　科　書	
自己評価	

本実習生の研究授業について　　　　　　　　　　　実習校記載

校長・教頭(副校長)・教育実習主任のどなたかの講評　※左記先生の都合がつかなければ、どの先生でも可。

指導教諭の講評

> ノートb

教育実習日誌

業務日誌であり、個人的日記ではないので、できるだけ詳しく記し、
単なる雑多な感想文にならないように注意しよう

◢ 業務日誌の書き方 ◣

1. 冒頭の各欄には、時限毎に為したことを一言で表現
2. 事実やできごと(観察・参加の内容など)の記載
3. 学級経営、生徒指導、部活動指導などについての自己評価
4. 教壇実習の実施と自己評価、指導教諭などからの助言・指摘内容
5. 検討事項や努力目標
6. 毎日、退勤前に記載し、指導教諭のチェックを受け、コメントを記していただく。(要認印)

教育実習日誌　　　　　　　　　　　月　　日（　）実習第　　日目

出　勤	時　　分	2時限		5時限	
始業前		3時限		6時限	
1時限		4時限		退　勤	時　　分
放課後					

指導教諭のコメント

指導教諭　　　　　　　　　　　印

第 6 章　教育実習の記録　95

教 育 実 習 日 誌　　　　　　　　　月　　日（　）実習第　　日目

出　勤	時　　分	2時限		5時限	
始業前		3時限		6時限	
1時限		4時限		退　勤	時　　分
放課後					

指導教諭のコメント

指導教諭　　　　　　　　　　　　　　印

教育実習日誌

　　　　　　　　　　　　　　　　　　　月　　日（　）実習第　　日目

出　勤	時　　分	2時限		5時限	
始業前		3時限		6時限	
1時限		4時限		退　勤	時　　分
放課後					

指導教諭のコメント

　　　　　　　　　　　　　　　　　　　　　　指導教諭　　　　　　　　　　　印

教育実習日誌　　　　　　　　　月　　日（　）実習第　　日目

出　勤	時　　分	2時限		5時限	
始業前		3時限		6時限	
1時限		4時限		退　勤	時　　分
放課後					

指導教諭のコメント

　　　　　　　　　　　　　　　　　　　　　　　　　　　指導教諭　　　　　　　　　　印

教育実習日誌　　　　　　　　　　月　　日（　）実習第　　日目

出　勤	時　分	2時限		5時限	
始業前		3時限		6時限	
1時限		4時限		退　勤	時　分
放課後					

指導教諭のコメント

指導教諭　　　　　　　　　　　印

教育実習日誌

　　　　　　　　　　　　　　　　　　月　　日（　）実習第　　日目

出　勤	時　　分	2時限		5時限	
始業前		3時限		6時限	
1時限		4時限		退　勤	時　　分
放課後					

··
··
··
··
··
··
··
··
··
··
··
··
··
··
··
··
··
··
··
··
··

指導教諭のコメント

　　　　　　　　　　　　　　　　　　　　　　　　　　　　指導教諭　　　　　　　　　　印

教育実習日誌　　　　　　　　月　　日（　）実習第　　日目

出　勤	時　分	2時限		5時限	
始業前		3時限		6時限	
1時限		4時限		退　勤	時　分
放課後					

指導教諭のコメント

指導教諭　　　　　　印

第 6 章　教育実習の記録

教 育 実 習 日 誌　　　　　　　　　　月　　日（　）実習第　　日目

出　勤	時　　分	2時限		5時限	
始業前		3時限		6時限	
1時限		4時限		退　勤	時　　分
放課後					

....
....
....
....
....
....
....
....
....
....
....
....
....
....
....
....
....
....
....
....

指導教諭のコメント

　　　　　　　　　　　　　　　　　　　　　　　　指導教諭　　　　　　　　　印

教 育 実 習 日 誌　　　　　　　　　　　月　　日（　）実習第　　日目

出　勤	時　　分	2時限		5時限	
始業前		3時限		6時限	
1時限		4時限		退　勤	時　　分
放課後					

指導教諭のコメント

　　　　　　　　　　　　　　　　　　　　　　　　　　指導教諭　　　　　　　印

教育実習日誌　　　　　　　　　　　　月　　日（　）実習第　　日目

出　勤	時　　分	2時限		5時限	
始業前		3時限		6時限	
1時限		4時限		退　勤	時　　分
放課後					

....
....
....
....
....
....
....
....
....
....
....
....
....
....
....
....
....
....

指導教諭のコメント

　　　　　　　　　　　　　　　　　　　　　　　　　　　指導教諭　　　　　　　印

教育実習日誌　　　　　　　　　　月　　日（　）実習第　　日目

出　勤	時　　分	2時限		5時限	
始業前		3時限		6時限	
1時限		4時限		退　勤	時　　分
放課後					

指導教諭のコメント

指導教諭　　　　　　　　印

教育実習日誌　　　　　　　　　月　　日（　）実習第　　日目

出　勤	時　　分	2時限		5時限	
始業前		3時限		6時限	
1時限		4時限		退　勤	時　　分
放課後					

....
....
....
....
....
....
....
....
....
....
....
....
....
....
....
....
....
....
....

指導教諭のコメント

　　　　　　　　　　　　　　　　　　　　　　　　　　指導教諭　　　　　　　印

教 育 実 習 日 誌　　　　　　　　月　　日（　）実習第　　日目

出　勤	時　　分	2時限		5時限	
始業前		3時限		6時限	
1時限		4時限		退　勤	時　　分
放課後					

指導教諭のコメント

指導教諭　　　　　　　印

教育実習日誌　　　　　　　　　　　　　月　　日（　）実習第　　日目

出　勤	時　　分	2時限		5時限	
始業前		3時限		6時限	
1時限		4時限		退　勤	時　　分
放課後					

指導教諭のコメント

　　　　　　　　　　　　　　　　　　　　　　　　　指導教諭　　　　　　　印

教育実習日誌　　　　　　　　　月　　日（　）実習第　　日目

出　勤	時　　分	2時限		5時限	
始業前		3時限		6時限	
1時限		4時限		退　勤	時　　分
放課後					

指導教諭のコメント

　　　　　　　　　　　　　　　　　　　　　　　　　　　　指導教諭　　　　　　　　印

教育実習日誌　　　　　　　　　　　　　月　　日（　）実習第　　日目

出　勤	時　　分	2時限		5時限	
始業前		3時限		6時限	
1時限		4時限		退　勤	時　　分
放課後					

....
....
....
....
....
....
....
....
....
....
....
....
....
....
....
....
....
....
....
....

指導教諭のコメント

　　　　　　　　　　　　　　　　　　　　　　　　　　指導教諭　　　　　　　　印

教育実習日誌

月　　日（　）実習第　　日目

出　勤	時　　分	2時限		5時限	
始業前		3時限		6時限	
1時限		4時限		退　勤	時　　分
放課後					

指導教諭のコメント

指導教諭　　　　　　　　　印

教育実習日誌　　　　　　　　　　　月　　日（　）実習第　　日目

出　勤	時　　分	2時限		5時限	
始業前		3時限		6時限	
1時限		4時限		退　勤	時　　分
放課後					

指導教諭のコメント

指導教諭　　　　　　　　印

教育実習日誌　　　　　　　　　月　　日（　）実習第　　日目

出　勤	時　　分	2時限		5時限	
始業前		3時限		6時限	
1時限		4時限		退　勤	時　　分
放課後					

指導教諭のコメント

指導教諭　　　　　　　　　　印

教育実習日誌　　　　　　　　　　月　　日（　）実習第　　日目

出　勤	時　　分	2時限		5時限	
始業前		3時限		6時限	
1時限		4時限		退　勤	時　　分
放課後					

....

....

....

....

....

....

....

....

....

....

....

....

....

....

....

....

....

....

指導教諭のコメント

指導教諭　　　　　　　印

教育実習日誌　　　　　　　　　　月　　日（　）実習第　　日目

出　勤	時　分	2時限		5時限	
始業前		3時限		6時限	
1時限		4時限		退　勤	時　分
放課後					

指導教諭のコメント

指導教諭　　　　　　　　　　印

教育実習日誌　　　　　　　　　　月　　日（　）実習第　　日目

出　勤	時　　分	2時限		5時限	
始業前		3時限		6時限	
1時限		4時限		退　勤	時　　分
放課後					

指導教諭のコメント

　　　　　　　　　　　　　　　　　　　　　　　指導教諭　　　　　　印

教育実習日誌　　　　　月　　日（　）実習第　　日目

出　勤	時　　分	2時限		5時限	
始業前		3時限		6時限	
1時限		4時限		退　勤	時　　分
放課後					

指導教諭のコメント

指導教諭　　　　　　　　　印

教育実習日誌　　　　　　　　　　　月　　日（　）実習第　　日目

出　勤	時　　分	2時限		5時限	
始業前		3時限		6時限	
1時限		4時限		退　勤	時　　分
放課後					

指導教諭のコメント

指導教諭　　　　　　　　　　　印

ノートc

総合自己評価

――教育実習をふり返って――

1～6までについて、教育実習演習［事後指導］

の開始までに記述しておくこと

総合自己評価 1. 教育実習を終えて、「教職」や「教師の仕事」について理解を新たにしたり、認識を新たにしたことは何ですか。意義、困難点などをまとめなさい。

■教育実習演習［事後指導］を通して、上記課題について追記すべきと考えたこと。

総合自己評価 2. 教壇実習を前に、①教材研究、②指導目標の確認、③学習指導案の作成について、どのような準備をし、どのような計画を立てましたか。

■教育実習演習［事後指導］を通して、上記課題について追記すべきと考えたこと。

総合自己評価 3. 計画通りに授業を展開することができましたか。その際、板書、発問の活用、机間指導、教具・補助教材の活用、メディア利用についてどのような工夫をしましたか。そして、いかなる効果を得ることができましたか。

さらに、授業中における生徒の活動・作業についてどのような工夫や配慮をしましたか。最後に、あなたの授業に対する生徒の反応について書きなさい。

■ 教育実習演習［事後指導］を通して、上記課題について追記すべきと考えたこと。

総合自己評価 4．学校生活全体にわたって、生徒たちとすすんで接するように努めましたか。とくに、教育における公正、公平さの点から、生徒たちへの対応において信頼を得るように努めましたか。

■教育実習演習[事後指導]を通して、上記課題について追記すべきと考えたこと。

総合自己評価 5．職場の一員として、ふさわしい行動をとることができましたか。欠勤や早退のない勤務態度、指導教諭をはじめとする先生方への挨拶や対応、同僚の実習生たちとの協力関係はうまくいきましたか。

■教育実習演習［事後指導］を通して、上記課題について追記すべきと考えたこと。

総合自己評価 6. 学校教育は大きな変革の時期を迎えています。そのために、各学校では、教育課程の新編成、入試のあり方、生徒指導・進路指導・その他の活動面での改革や刷新を行い、時代の変化と生徒の多様なニーズに応えようとさまざまな特色を打ち出しています。教育実習を体験して、実習校の新しい取り組みや実践を、どのように受けとめ、理解することができましたか。具体的に記述しなさい。

■教育実習演習[事後指導]を通して、上記課題について追記すべきと考えたこと。

一七　著作権法

昭和四十五年五月六日法律第四十八号
最終改正　平成三十年七月十三日号外法律第七十二号

(引用)

第三十二条　公表された著作物は、引用して利用することができる。この場合において、その引用は、公正な慣行に合致するものであり、かつ、報道、批評、研究その他の引用の目的上正当な範囲内で行なわれるものでなければならない。

2　国若しくは地方公共団体の機関、独立行政法人若しくは地方独立行政法人が一般に周知させることを目的として作成し、その著作の名義の下に公表する広報資料、調査統計資料、報告書その他これらに類する著作物は、説明の材料として新聞紙、雑誌その他の刊行物に転載することができる。ただし、これを禁止する旨の表示がある場合は、この限りでない。

(試験問題としての複製等)

第三十六条　公表された著作物については、入学試験その他人の学識技能に関する試験又は検定の目的上必要と認められる限度において、当該試験又は検定の問題として複製し、又は公衆送信(放送又は有線放送を除き、自動公衆送信の場合にあつては送信可能化を含む。次項において同じ。)を行うことができる。ただし、当該著作物の種類及び用途並びに当該公衆送信の態様に照らし著作権者の利益を不当に害することとなる場合は、この限りでない。

2　営利を目的として前項の複製又は公衆送信を行う者は、通常の使用料の額に相当する額の補償金を著作権者に支払わなければならない。

(学校その他の教育機関における複製等)

第三十五条　学校その他の教育機関(営利を目的として設置されているものを除く。)において教育を担任する者及び授業を受ける者は、その授業の過程における使用に供することを目的とする場合には、必要と認められる限度において、公表された著作物を複製することができる。ただし、当該著作物の種類及び用途並びにその複製の部数及び態様に照らし著作権者の利益を不当に害することとなる場合は、この限りでない。

2　公表された著作物については、前項の教育機関における授業の過程において、当該授業を直接受ける者に対して当該授業の用に供するため、その原作品若しくは複製物を提供し、若しくは提示して利用する場合又は当該著作物を第三十八条第一項の規定により上演し、演奏し、上映し、若しくは口述により利用する場合には、当該授業が行われる場所以外の場所において当該著作物を同時に受信者に対して公衆送信(自動公衆送信の場合にあつては、送信可能化を含む。)を行うことができる。ただし、当該著作物の種類及び用途並びに当該公衆送信の態様に照らし著作権者の利益を不当に害することとなる場合は、この限りでない。

(営利を目的としない上演等)

第三十八条　公表された著作物は、営利を目的とせず、かつ、聴衆又は観客から料金(いずれの名義をもつてするかを問わず、著作物の提供又は提示につき受ける対価をいう。以下この条において同じ。)を受けない場合には、公に上演し、演奏し、上映し、又は口述することができる。ただし、当該上演、演奏、上映又は口述について実演家又は口述を行う者に対し報酬が支払われる場合は、この限りでない。

(国民の心身の健康の増進と豊かな人間形成)

第二条　食育は、食に関する適切な判断力を養い、生涯にわたって健全な食生活を実現することにより、国民の心身の健康の増進と豊かな人間形成に資することを旨として、行われなければならない。

(食に関する感謝の念と理解)

第三条　食育の推進に当たっては、国民の食生活が、自然の恩恵の上に成り立っており、また、食に関わる人々の様々な活動に支えられていることについて、感謝の念や理解が深まるよう配慮されなければならない。

(食育推進運動の展開)

第四条　食育を推進するための活動は、国民、民間団体等の自発的意思を尊重し、地域の特性に配慮し、地域住民その他の社会を構成する多様な主体の参加と協力を得るものとするとともに、その連携を図りつつ、あまねく全国において展開されなければならない。

(子どもの食育における保護者、教育関係者等の役割)

第五条　食育は、父母その他の保護者にあっては、家庭が食育において重要な役割を有していることを認識するとともに、子どもの教育、保育等を行う者にあっては、教育、保育等における食育の重要性を十分自覚し、積極的に子どもの食育の推進に関する活動に取り組むこととなるよう、行われなければならない。

(食に関する体験活動と食育推進活動の実践)

第六条　食育は、広く国民が家庭、学校、保育所、地域その他のあらゆる機会とあらゆる場所を利用して、食料の生産から消費等に至るまでの食に関する様々な体験活動を行うとともに、自ら食育の推進のための活動を実践することにより、食に関する理解を深めることを旨として、行われなければならない。

一五　人権教育及び人権啓発の推進に関する法律

平成十二年十二月六日法律第百四十七号

（目的）
第一条　この法律は、人権の尊重の緊要性に関する認識の高まり、社会的身分、門地、人種、信条又は性別による不当な差別の発生等の人権侵害の現状その他人権の擁護に関する内外の情勢にかんがみ、人権教育及び人権啓発に関する施策の推進について、国、地方公共団体及び国民の責務を明らかにするとともに、必要な措置を定め、もって人権の擁護に資することを目的とする。

（定義）
第二条　この法律において、人権教育とは、人権尊重の精神の涵養を目的とする教育活動をいい、人権啓発とは、国民の間に人権尊重の理念を普及させ、及びそれに対する国民の理解を深めることを目的とする広報その他の啓発活動（人権教育を除く。）をいう。

（基本理念）
第三条　国及び地方公共団体が行う人権教育及び人権啓発は、学校、地域、家庭、職域その他の様々な場を通じて、国民が、その発達段階に応じ、人権尊重の理念に対する理解を深め、これを体得することができるよう、多様な機会の提供、効果的な手法の採用、国民の自主性の尊重及び実施機関の中立性の確保を旨として行われなければならない。

（国の責務）
第四条　国は、前条に定める人権教育及び人権啓発の基本理念（以下「基本理念」という。）にのっとり、人権教育及び人権啓発に関する施策を策定し、及び実施する責務を有する。

（地方公共団体の責務）
第五条　地方公共団体は、基本理念にのっとり、国との連携を図りつつ、その地域の実情を踏まえ、人権教育及び人権啓発に関する施策を策定し、及び実施する責務を有する。

（国民の責務）
第六条　国民は、人権尊重の精神の涵養に努めるとともに、人権が尊重される社会の実現に寄与するよう努めなければならない。

（基本計画の策定）
第七条　国は、人権教育及び人権啓発に関する施策の総合的かつ計画的な推進を図るため、人権教育及び人権啓発に関する基本的な計画を策定しなければならない。

（年次報告）
第八条　政府は、毎年、国会に、政府が講じた人権教育及び人権啓発に関する施策についての報告を提出しなければならない。

（財政上の措置）
第九条　国は、人権教育及び人権啓発に関する施策を実施する地方公共団体に対し、当該施策に係る事業の委託その他の方法により、財政上の措置を講ずることができる。

附　則

（施行期日）
第一条　この法律は、公布の日から施行する。ただし、第八条の規定は、この法律の施行の日の属する年度の翌年度以後に講じる人権教育及び人権啓発に関する施策について適用する。

（見直し）
第二条　この法律は、この法律の施行の日から三年以内に、人権擁護施策推進法（平成八年法律第百二十号）第三条第二項に基づく人権が侵害された場合における被害者の救済に関する施策の充実に関する基本的事項についての人権擁護推進審議会の調査審議の結果をも踏まえ、見直しを行うものとする。

一六　食育基本法

平成十七年六月十七日法律第六十三号
最終改正　平成二十七年九月十一日法律第六十六号

二十一世紀における我が国の発展のためには、子どもたちが健全な心と身体を培い、未来や国際社会に向かって羽ばたくことができるようにするとともに、すべての国民が心身の健康を確保し、生涯にわたって生き生きと暮らすことができるようにすることが大切である。
子どもたちが豊かな人間性をはぐくみ、生きる力を身に付けていくためには、何よりも「食」が重要である。今、改めて、食を、生きる上での基本であって、知育、徳育及び体育の基礎となるべきものと位置付けるとともに、様々な経験を通じて「食」に関する知識と「食」を選択する力を習得し、健全な食生活を実践することができる人間を育てる食育を推進することが求められている。もとより、食育はあらゆる世代の国民に必要なものであるが、子どもたちに対する食育は、心身の成長及び人格の形成に大きな影響を及ぼし、生涯にわたって健全な心と身体を培い豊かな人間性をはぐくんでいく基礎となるものである。
一方、社会経済情勢がめまぐるしく変化し、日々忙しい生活を送る中で、人々は、毎日の「食」の大切さを忘れがちである。国民の食生活においては、栄養の偏り、不規則な食事、肥満や生活習慣病の増加、過度の痩身志向などの問題に加え、新たな「食」の安全上の問題や、「食」の海外への依存の問題が生じており、「食」に関する情報が社会に氾濫する中で、人々は、食生活の改善の面からも、「食」の安全の確保の面からも、自ら「食」のあり方を学ぶことが求められている。また、豊かな緑と水に恵まれた自然の下で先人からはぐくまれてきた、地域の多様性と豊かな味覚や文化の香りあふれる日本の「食」が失われる危機にある。
こうした「食」をめぐる環境の変化の中で、国民の「食」に関する考え方を育て、健全な食生活を実現することが求められるとともに、都市と農山漁村の共生・対流を進め、「食」に関する消費者と生産者との信頼関係を構築して、地域社会の活性化、豊かな食文化の継承及び発展、環境と調和のとれた食料の生産及び消費の推進並びに食料自給率の向上に寄与することが期待されている。
国民一人一人が「食」について改めて意識を高め、自然の恩恵や「食」に関わる人々の様々な活動への感謝の念や理解を深めつつ、「食」に関して信頼できる情報に基づく適切な判断を行う能力を身に付けることによって、心身の健康を増進する健全な食生活を実践するために、今こそ、家庭、学校、保育所、地域等を中心に、国民運動として、食育の推進に取り組んでいくことが、我々に課せられている課題である。さらに、食育の推進に関する我が国の取組が、海外との交流等を通じて食育に関して国際的に貢献することにつながることも期待される。
ここに、食育について、基本理念を明らかにしてその方向性を示し、国、地方公共団体及び国民の食育の推進に関する取組を総合的かつ計画的に推進するため、この法律を制定する。

（目的）
第一条　この法律は、近年における国民の食生活をめぐる環境の変化に伴い、国民が生涯にわたって健全な心身を培い、豊かな人間性をはぐくむための食育を推進することが緊要な課題となっていることにかんがみ、食育に関し、基本理念を定め、及び国、地方公共団体等の責務を明らかにするとともに、食育に関する施策の基本となる事項を定めることによ

10　障害者は、差別的、侮辱的又は下劣な性質をもつ、あらゆる搾取、あらゆる規則そしてあらゆる取り扱いから保護されるものとする。

11　障害者は、その人格及び財産の保護のために適格なる法的援助が必要な場合には、それらを受け得るようにされなければならない。もし、障害者に対して訴訟が起こされた場合には、その適用される法的手続は、彼らの身体的精神的状態が十分に考慮されるべきである。

12　障害者団体は、障害者の権利に関するすべての事項について有効に協議を受けるものとする。

13　障害者、その家族及び地域社会は、この宣言に含まれる権利について、あらゆる適切な手段により十分に知らされるべきである。

（総理府）

2 締約国は、児童がその父母、法定保護者又は家族の構成員の地位、活動、表明した意見又は信念によるあらゆる形態の差別又は処罰から保護されることを確保するためのすべての適当な措置をとる。

第三条〔最善の利益の考慮〕
1 児童に関するすべての措置をとるに当たっては、公的若しくは私的な社会福祉施設、裁判所、行政当局又は立法機関のいずれによって行われるものであっても、児童の最善の利益が主として考慮されるものとする。
2 締約国は、児童の父母、法定保護者又は児童について法的に責任を有する他の者の権利及び義務を考慮に入れて、児童の福祉に必要な保護及び養護を確保することを約束し、このため、すべての適当な立法上及び行政上の措置をとる。
3 締約国は、児童の養護及び保護のための施設、役務の提供及び設備が、特に安全及び健康の分野に関し並びにこれらの職員の数及び適格性並びに適正な監督に関し権限のある当局の設定した基準に適合することを確保する。

第六条〔生命への権利、生存・発達の確保〕
1 締約国は、すべての児童が生命に対する固有の権利を有することを認める。
2 締約国は、児童の生存及び発達を可能な最大限において確保する。

第七条〔名前・国籍をもつ権利〕
1 児童は、出生の後直ちに登録される。児童は、出生の時から氏名を有する権利及び国籍を取得する権利を有するものとし、また、できる限りその父母を知りかつその父母によって養育される権利を有する。
2 締約国は、特に児童が無国籍となる場合を含めて、国内法及びこの分野における関連する国際文書に基づく自国の義務に従い、1の権利の実現を確保する。

第八条〔身元の保全〕
1 締約国は、児童が法律によって認められた国籍、氏名及び家族関係を含むその身元関係事項について不法に干渉されることなく保持する権利を尊重することを約束する。

2 締約国は、児童がその身元関係事項の一部又は全部を不法に奪われた場合には、その身元関係事項を速やかに回復するため、適当な援助及び保護を与える。

第九条〔親からの分離禁止〕
1 締約国は、児童がその父母の意思に反してその父母から分離されないことを確保する。ただし、権限のある当局が司法の審査に従うことを条件として適用のある法律及び手続によりその分離が児童の最善の利益のために必要であると決定する場合は、この限りでない。このような決定は、父母が児童を虐待し若しくは放置する場合又は父母が別居しており児童の居住地を決定しなければならない場合のような特定の場合において必要となることがある。

第十条〔家族再会〕
1 前条1の規定に基づく締約国の義務に従い、家族の再統合を目的とする児童又はその父母による締約国への入国又は締約国からの出国の申請については、締約国が積極的、人道的かつ迅速な方法で取り扱う。締約国は、更に、その申請の提出が申請者及びその家族の構成員に悪影響を及ぼさないことを確保する。
2 父母と異なる国に居住する児童は、例外的な事情がある場合を除くほか定期的に父母との人的な関係及び直接の接触を維持する権利を有する。このため、前条1の規定に基づく締約国の義務に従い、児童及びその父母がいずれの国（自国を含む。）からも出国し、かつ、自国に入国する権利を尊重する。出国する権利は、法律で定められ、国の安全、公の秩序、公衆の健康若しくは道徳又は他の者の権利及び自由を保護するために必要であり、かつ、この条約において認められる他の権利と両立する制限にのみ従う。

〈以下略〉

〈邦訳　外務省〉

一四　障害者の権利宣言

一九七五年十二月九日

国連総会決議三四四七（第三〇回会期）

総会は、
・国際連合憲章のもとにおいて、国連と協力しつつ、生活水準の向上、完全雇用、経済・社会の進歩・発展の条件を促進するため、この機構と協力して共同及び個別の行動をとるとの加盟諸国の誓約に留意し、
・国際連合憲章において宣言された人権及び基本的自由並びに平和、人間の尊厳と価値及び社会正義に関する諸原則に対する信念を再確認し、
・世界人権宣言、国際人権規約、児童権利宣言、及び精神薄弱者の権利宣言の諸原則並びに国際労働機関、国連教育科学文化機関、世界保健機関、国連児童基金及び他の関係諸機関の規約、条約、勧告及び決議に既に定められた基準を想起し、
・障害防止及び障害者のリハビリテーションに関する一九七五年五月六日の経済社会理事会決議一九二一（第五八回会期）をも、また想起し、
・障害者の権利宣言の諸原則並びに国際労働機関、国連教育科学文化機関、世界保健機関の社会の進歩及び発展に関する宣言が心身障害者の権利を保護し、またそれらの福祉及びリハビリテーションを確保する必要性を宣言したことを強調し、
・身体的・精神的障害の防止並びに、障害者が最大限に多様な活動分野においてその能力を発揮し得るよう援助し、また可能な限り彼らの通常の生活への統合を促進する必要性に留意し、
・若干の国においては、その現在の発展段階において、この目的のために限られた努力しか払い得ないことを認識し、
・この障害者の権利に関する宣言を宣言し、かつ、これらの権利の保護のための共通の基礎及び指針として使用されることを確実にするための国内的及び国際的行動を要請する。

1 「障害者」という言葉は、先天的か否かにかかわらず、身体的又は精神的能力の不全のために、通常の個人または社会生活に必要なことを確保することが、自分自身では完全に又は部分的にできない人のことを意味する。
2 障害者は、この宣言において掲げられるすべての権利を享受する。これらの権利は、いかなる例外もなく、かつ、人種、皮膚の色、性、言語、宗教、政治上若しくはその他の意見、国若しくは社会的身分、貧富、出生又は障害者自身若しくはその家族の置かれている状況に基づく区別又は差別もなく、すべての障害者に認められる。
3 障害者は、その人間としての尊厳が尊重される生まれながらの権利を有している。障害者は、その障害の原因、特質及び程度にかかわらず、同年齢の市民と同等の基本的権利を有する。このことは、まず第一に、できうる限り通常のかつ十分満たされた相当の生活を送ることができる権利を意味する。
4 障害者は、他の人々と同等の市民権及び政治的権利を有する。「精神薄弱者の権利宣言」の第七条は、精神障害者のこのような諸権利のいかなる制限又は排除にも適用される。
5 障害者は、可能な限り自立させるよう構成された施策を受ける資格がある。
6 障害者は、補装具を含む医学的及び機能的治療、並びに医学的・心理的・社会的リハビリテーション、教育、職業教育、リハビリテーション、介助、カウンセリング、職業あっ旋及びその他障害者の能力と技能を最大限に開発でき、社会統合又は再統合する過程を促進するようなサービスを受ける権利を有する。
7 障害者は、経済的社会的保障を受け、相当の生活水準を保つ権利を有する。障害者は、その能力に従い、保障を受け、雇用され、または有益で生産的かつ報酬のある職業に従事し、労働組合に参加する権利を有する。
8 障害者は、経済社会計画のすべての段階において、その特別のニーズが考慮される資格を有する。
9 障害者は、その家族又は養親とともに生活し、すべての社会的活動、創造的活動又はレクリエーション活動に参加する権利を有する。障害者は、その居住に関する限り、その状態のため必要であるか又はその状態に由来して改善するため必要である場合以外、差別的な扱いをまぬがれる。もし、障害者が専門施設に入所することが絶対に必要であっても、そこでの環境及び生活条件

（健康相談）
第八条　学校においては、児童生徒等の心身の健康に関し、健康相談を行うものとする。

（保健指導）
第九条　養護教諭その他の職員は、相互に連携して、健康相談又は児童生徒等の健康状態の日常的な観察により、児童生徒等の心身の状況を把握し、健康上の問題があると認めるときは、遅滞なく、当該児童生徒等に対して必要な指導を行うとともに、必要に応じ、その保護者（学校教育法第十六条に規定する保護者をいう。第二十四条及び第三十条において同じ。）に対して必要な助言を行うものとする。

（児童生徒等の健康診断）
第十三条　学校においては、毎学年定期に、児童生徒等（通信による教育を受ける学生を除く。）の健康診断を行わなければならない。
2　学校においては、必要があるときは、臨時に、児童生徒の健康診断を行うものとする。

第十四条　学校においては、前条の健康診断の結果に基づき、疾病の予防処置を行い、又は治療を指示し、並びに運動及び作業を軽減する等適切な措置をとらなければならない。

（出席停止）
第十九条　校長は、感染症にかかつており、かかつている疑いがあり、又はかかるおそれのある児童生徒等があるときは、政令で定めるところにより、出席を停止させることができる。

（臨時休業）
第二十条　学校の設置者は、感染症の予防上必要があるときは、臨時に、学校の全部又は一部の休業を行うことができる。

（学校医、学校歯科医及び学校薬剤師）
第二十三条　学校には、学校医を置くものとする。
2　大学以外の学校には、学校歯科医及び学校薬剤師を置くものとする。
3　学校医、学校歯科医及び学校薬剤師は、それぞれ医師、歯科医師又は薬剤師のうちから、任命し、又は委嘱する。

4　学校医、学校歯科医及び学校薬剤師は、学校における保健管理に関する専門的事項に関し、技術及び指導に従事する。
5　学校医、学校歯科医及び学校薬剤師の職務執行の準則は、文部科学省令で定める。

（学校安全計画の策定等）
第二十七条　学校においては、児童生徒等の安全の確保を図るため、当該学校の施設及び設備の安全点検、児童生徒等に対する通学を含めた学校生活その他の日常生活における安全に関する指導、職員の研修その他学校における安全に関する事項について計画を策定し、これを実施しなければならない。

（学校環境の安全の確保）
第二十八条　校長は、当該学校の施設又は設備について、児童生徒等の安全の確保を図る上で支障となる事項があると認めた場合には、遅滞なく、その改善を図るために必要な措置を講じ、又は当該措置を講ずることができないときは、当該学校の設置者に対し、その旨を申し出るものとする。

（危険等発生時対処要領の作成等）
第二十九条　学校においては、児童生徒等の安全の確保を図るため、当該学校の実情に応じて、危険等発生時において当該学校の職員がとるべき措置の具体的内容及び手順を定めた対処要領（次項において「危険等発生時対処要領」という。）を作成するものとする。
2　校長は、危険等発生時対処要領の適切な実施を確保するため、職員に対する周知、訓練の実施その他の危険等発生時において職員が適切に対処するために必要な措置を講ずるものとする。
3　学校においては、事故等により児童生徒等に危害が生じた場合において、当該児童生徒等及び当該事故等により心理的外傷その他の心身の健康に対する影響を受けた児童生徒等その他の関係者の心身の健康を回復させるため、これらの者に対して必要な支援を行うものとする。この場合においては、第十条の規定を準用する。

一三　児童の権利に関する条約

（子どもの権利に関する条約）
平成六年五月十六日条約第二号
改正　平成十五年六月十二日
条約第三号

前文

この条約の締約国は、
国際連合憲章において宣明された原則によれば、人類社会のすべての構成員の固有の尊厳及び平等のかつ奪い得ない権利を認めることが世界における自由、正義及び平和の基礎を成すものであることを考慮し、
国際連合加盟国の国民が、国際連合憲章において、基本的人権並びに人間の尊厳及び価値に関する信念を改めて確認し、かつ、一層大きな自由の中で社会的進歩及び生活水準の向上を促進することを決意したことに留意し、
国際連合が、世界人権宣言及び人権に関する国際規約において、すべての人は人種、皮膚の色、性、言語、宗教、政治的意見その他の意見、国民的若しくは社会的出身、財産、出生又は他の地位等によるいかなる差別もなしに同宣言及び同規約に掲げるすべての権利及び自由を享有することができることを宣明し及び合意したことを認め、
国際連合が、世界人権宣言において、児童は特別な保護及び援助についての権利を享有することができることを宣明したことを想起し、
家族が、社会の基礎的な集団として、並びに家族のすべての構成員特に児童の成長及び福祉のための自然な環境として、社会においてその責任を十分に引き受けることができるよう必要な保護及び援助を与えられるべきであることを確信し、
児童が、その人格の完全なかつ調和のとれた発達のため、家庭環境の下で幸福、愛情及び理解のある雰囲気の中で成長すべきであることを認め、
児童が、社会において個人として生活するため十分な準備が整えられるべきであり、かつ、国際連合憲章において宣明された理想の精神並びに特に平和、尊厳、寛容、自由、平等及び連帯の精神に従って育てられるべきであることを考慮し、
児童に対して特別な保護を与えることの必要性が、一九二四年の児童の権利に関するジュネーヴ宣言及び一九五九年十一月二〇日に国際連合総会で採択された児童の権利に関する宣言において述べられており、また、世界人権宣言、市民的及び政治的権利に関する国際規約（特に第二十三条及び第二十四条）、経済的、社会的及び文化的権利に関する国際規約（特に第十条）並びに児童の福祉に関係する専門機関及び国際機関の規程及び関係文書において認められていることに留意し、
児童の権利に関する宣言において示されているとおり「児童は、身体的及び精神的に未熟であるため、その出生の前後において、適当な法的保護を含む特別な保護及び世話を必要とする」ことに留意し、
国内又は国際的な里親委託及び養子縁組に特に考慮した児童の保護及び福祉についての社会的及び法的な原則に関する宣言、少年司法の運用のための国際連合最低基準規則（北京規則）及び緊急事態及び武力紛争における女子及び児童の保護に関する宣言の規定を想起し、
極めて困難な条件の下で生活している児童が、世界のすべての国に存在すること、また、このような児童が特別の配慮を必要としていることを認め、
児童の保護及び調和のとれた発達のために各人民の伝統及び文化的価値が有する重要性を十分に考慮し、
あらゆる国特に開発途上国における児童の生活条件を改善するために国際協力が重要であることを認めて、
次のとおり協定した。

第一部

第一条（子どもの定義）　この条約の適用上、児童とは、一八歳未満のすべての者をいう。ただし、当該児童で、その者に適用される法律によりより早く成年に達したものを除く。

第二条（差別の禁止）
1　締約国は、その管轄の下にある児童に対し、児童又はその父母若しくは法定保護者の人種、皮膚の色、性、言語、宗教、政治的意見その他の意見、国民的、種族的若しくは社会的出身、財産、心身障害、出生又は他の地位にかかわらず、いかなる差別もなしにこの条約に定める権利を尊重し、及び確保する。

（降任、免職、休職等）
第二十八条　職員が、左の各号の一に該当する場合においては、その意に反して、これを降任し、又は免職することができる。
一　勤務実績が良くない場合
二　心身の故障のため、職務の遂行に支障があり、又はこれに堪えない場合
三　前二号に規定する場合の外、その職に必要な適格性を欠く場合
四　職制若しくは定数の改廃又は予算の減少により廃職又は過員を生じた場合

2　職員が、左の各号の一に該当する場合においては、その意に反してこれを休職することができる。
一　心身の故障のため、長期の休養を要する場合
二　刑事事件に関し起訴された場合

（懲戒）
第二十九条　職員が次の各号の一に該当する場合においては、これに対し懲戒処分として戒告、減給、停職又は免職の処分をすることができる。
一　この法律若しくは第五十七条に規定する特例を定めた法律又はこれに基く条例、地方公共団体の規則若しくは地方公共団体の機関の定める規程に違反した場合
二　職務上の義務に違反し、又は職務を怠った場合
三　全体の奉仕者たるにふさわしくない非行のあった場合

（服務の根本基準）
第三十条　すべて職員は、全体の奉仕者として公共の利益のために勤務し、且つ、職務の遂行に当つては、全力を挙げてこれに専念しなければならない。

一一　教育公務員特例法

昭和二十四年一月十二日法律第一号
最終改正　平成二十九年五月十七日法律第二十九号

（この法律の趣旨）
第一条　この法律は、教育を通じて国民全体に奉仕する教育公務員の職務とその責任の特殊性に基づき、教育公務員の任免、給与、分限、懲戒、服務及び研修等について規定する。

（定義）
第二条　この法律で「教育公務員」とは、地方公務員のうち、学校教育法（昭和二十二年法律第二十六号）第一条に定める学校であつて同法第二条に定める公立学校（地方独立行政法人法（平成十五年法律第百十八号）第六十八条第一項に規定する公立大学法人が設置する大学及び高等専門学校を除く。以下同じ。）の学長、校長（園長を含む。以下同じ。）、教員及び部局長並びに教育委員会の教育長及び専門的教育職員をいう。

2　この法律で「教員」とは、前項の学校の教授、准教授、助教、講師（常時勤務の者及び地方公務員法（昭和二十五年法律第二百六十一号）第二十八条の五第一項に規定する短時間勤務の職を占める者に限る。第二十三条第二項を除き、以下同じ。）をいう。

3　この法律で「部局長」とは、大学（公立学校であるものに限る。第二十六条第一項を除き、以下同じ。）の副学長、学部長その他政令で指定する部局の長をいう。

4　この法律で「評議会」とは、大学に置かれる会議であつて当該大学を設置する地方公共団体の定めるところにより学長、学部長その他の者で構成するものをいう。

5　この法律で「専門的教育職員」とは、指導主事及び社会教育主事をいう。

（兼職及び他の事業等の従事）
第十七条　教育公務員は、教育に関する他の職を兼ね、又は教育に関する他の事業若しくは事務に従事することが本務の遂行に支障がないと任命権者（地方教育行政の組織及び運営に関する法律第三十七条第一項に規定する県費負担教職員については、市町村（特別区を含む。以下同じ。）の教育委員会。第二十三条第二項及び第二十四条第二項において同

じ。）において認める場合には、給与を受け、又は受けないで、その職を兼ね、又はその事業若しくは事務に従事することができる。

2　前項の場合においては、地方公務員法第三十八条第二項の規定により人事委員会が定める許可の基準によることを要しない。

（公立学校の教育公務員の政治的行為の制限）
第十八条　公立学校の教育公務員の政治的行為の制限については、当分の間、地方公務員法第三十六条の規定にかかわらず、国家公務員の例による。

2　前項の規定は、政治的行為の制限に違反した者の処罰につき国家公務員法（昭和二十二年法律第百二十号）第百十条第一項の例による趣旨を含むものと解してはならない。

（研修）
第二十一条　教育公務員は、その職責を遂行するために、絶えず研究と修養に努めなければならない。

2　教育公務員の任命権者は、教育公務員（公立の小学校等の校長及び教員（臨時的に任用された者その他の政令で定める者を除く。）の研修について、それら任命権者の研修に関する調査研究その他研修に関する調査研究その他研修の実施に努めなければならない。

（研修の機会）
第二十二条　教育公務員には、研修を受ける機会が与えられなければならない。

2　教員は、授業に支障のない限り、本属長の承認を受けて、勤務場所を離れて研修を行うことができる。

3　教育公務員は、任命権者の定めるところにより、現職のままで、長期にわたる研修を受けることができる。

（初任者研修）
第二十三条　公立の小学校等の教諭等の任命権者は、当該教諭等（臨時的に任用された者その他の政令で定める者を除く。）に対して、その採用（現に教諭等以外の職に任命されている者を教諭等の職に任命する場合を含む。附則第五条第一項において同じ。）の日か

ら一年間の教諭又は保育教諭の職務の遂行に必要な事項に関する実践的な研修（以下「初任者研修」という。）を実施しなければならない。

2　任命権者は、初任者研修を受ける者（次項において「初任者」という。）の所属する学校の副校長、教頭、主幹教諭、指導教諭、教諭、主幹保育教諭、指導保育教諭、保育教諭、養護又は栄養の指導教員（養護又は栄養の指導及び管理をつかさどる主幹教諭を除く。）、主幹養護教諭、養護教諭、主幹栄養教諭又は栄養教諭のうちから、指導教員を命じるものとする。

3　指導教員は、初任者に対して教諭又は保育教諭の職務の遂行に必要な事項について指導及び助言を行うものとする。

一二　学校保健安全法

昭和三十三年四月十日法律第五十六号
最終改正　平成二十七年六月二十四日法律第四十六号

（目的）
第一条　この法律は、学校における児童生徒等及び職員の健康の保持増進を図るため、学校における保健管理に関し必要な事項を定めるとともに、学校における教育活動が安全な環境において実施され、児童生徒等の安全の確保が図られるよう、学校における安全管理に関し必要な事項を定め、もつて学校教育の円滑な実施とその成果の確保に資することを目的とする。

（学校保健計画の策定等）
第五条　学校においては、児童生徒等及び職員の心身の健康の保持増進を図るため、児童生徒等及び職員の健康診断、環境衛生検査、児童生徒等に対する指導その他保健に関する事項について計画を策定し、これを実施しなければならない。

（保健室）
第七条　学校には、健康診断、健康相談、保健指導、救急処置その他の保健に関する措置を行うため、保健室を設けるものとする。

（種類）

第四条　免許状は、普通免許状、特別免許状及び臨時免許状とする。

2　普通免許状は、学校（義務教育学校、中等教育学校及び幼保連携型認定こども園を除く。）の種類ごとの教員の免許状とし、養護教諭の免許状及び栄養教諭の免許状とする。

3　特別免許状は、学校（幼稚園、義務教育学校、中等教育学校及び幼保連携型認定こども園を除く。）の教員の免許状とする。

4　臨時免許状は、学校（義務教育学校、中等教育学校及び幼保連携型認定こども園を除く。）の助教諭の免許状及び養護助教諭の免許状とする。

5　中学校及び高等学校の教員の普通免許状及び臨時免許状は、次に掲げる各教科について授与するものとする。

一　中学校の教員にあつては、国語、社会、数学、理科、音楽、美術、保健体育、保健、技術、家庭、職業（職業指導及び職業実習を含む。）、職業指導、職業実習、農業、工業、商業、水産、商業実習、外国語（英語、ドイツ語、フランス語その他の外国語に分ける。）及び宗教

二　高等学校の教員にあつては、国語、地理歴史、公民、数学、理科、音楽、美術、工芸、書道、保健体育、保健、看護、看護実習、家庭、家庭実習、情報、情報実習、農業、農業実習、工業、工業実習、商業、商業実習、水産、水産実習、福祉、福祉実習、商船、商船実習、職業指導、外国語（英語、ドイツ語、フランス語その他の外国語に分ける。）及び宗教

6　小学校教諭、中学校教諭及び高等学校教諭の特別免許状は、次に掲げる教科又は事項について授与するものとする。

一　小学校教諭にあつては、国語、社会、算数、理科、生活、音楽、図画工作、家庭及び体育

二　中学校教諭にあつては、前項第一号に掲げる各教科及び第十六条の三第一項の文部科学省令で定める教科

三　高等学校教諭にあつては、前項第二号に掲げる各教科及びこれらの教科の領域の一部に係る事項で第十六条の四第一項の文部科学省令で定めるもの並びに第十六条の三第一項の文部科学省令で定める教科

第四条の二　特別支援学校の教員の普通免許状及び臨時免許状は、一又は二以上の特別支援教育領域について授与するものとする。

2　特別支援学校において専ら自立教科等の教授を担任する教員の普通免許状及び臨時免許状は、前条第二項の規定にかかわらず、文部科学省令で定めるところにより、障害の種類に応じて文部科学省令で定める自立教科等について授与するものとする。

3　特別支援学校教諭の特別免許状は、前項の文部科学省令で定める自立教科等について授与するものとする。

（授　与）

第五条　普通免許状は、別表第一、第二若しくは第二の二に定める基礎資格を有し、かつ、大学若しくは文部科学大臣の指定する養護教諭養成機関において別表第一、第二若しくは第二の二に定める単位を修得した者又はその免許状を授与するため行う教育職員検定に合格した者に授与する。ただし、次の各号のいずれかに該当する者には、授与しない。

一　十八歳未満の者

二　高等学校を卒業しない者（通常の課程以外の課程におけるこれに相当するものを修了しない者を含む。）ただし、文部科学大臣において高等学校を卒業した者と同等以上の資格を有すると認めた者を除く。

三　成年被後見人又は被保佐人

四　禁錮以上の刑に処せられた者

五　第十条第一項第二号又は第三号に該当することにより免許状がその効力を失い、当該失効の日から三年を経過しない者

六　第十一条第一項から第三項までの規定により免許状取上げの処分を受け、当該処分の日から三年を経過しない者

七　日本国憲法施行の日以後において、日本国憲法又はその下に成立した政府を暴力で破壊することを主張する政党その他の団体を結成し、又はこれに加入した者

2　前項本文の規定にかかわらず、別表第一から別表第二の二までに規定する普通免許状に係る所要資格を得た日の属する年度の末日から十年を経過する日までの間に普通免許状の授与を受けようとする者に対する普通免許状の授与は、その者が免許状更新講習（第九条の三第一項に規定する免許状更新講習をいう。以下第九条までにおいて同じ。）の課程を修了した後文部科学省令で定める二年以上の期間内にある場合に限り、行うものとする。

3　免許状は、都道府県の教育委員会（以下「授与権者」という。）が授与する。

第六条　（略）

備考

一　教育実習は、授与を受けようとする普通免許状に係る学校以外の学校、専修学校、社会教育に関する施設、社会福祉施設、児童自立支援施設及びボランティア団体における教育実習に準ずる経験を含むことができる。中学校又は高等学校の普通免許状の授与を受ける場合には、特別支援学校の小学部を含み、中学校の教員の普通免許状の授与を受ける場合にあつては小学校及び高等学校、高等学校の教員の普通免許状の授与を受ける場合にあつては中学校の前期課程又は後期課程を含む。

八　教育実習の単位数には、教育実習に係る事前及び事後の指導（授与を受けようとする普通免許状に係る学校の教諭又は講師として必要な知識技能を修得したことを確認するものとし、教員として必要な知識技能を修得したことを確認するものとし、教職実践演習を除く。）の履修状況を踏まえ（教職実践演習を除く。）の履修状況を踏まえ、当該演習を履修する第七条第一項、第十条及び第十条の四の表の場合においても同様とする。

十一　教職実践演習に関する科目（教職実践演習を除く。）の履修状況を踏まえ、当該演習を履修するものとする（第十条及び第十条の四の表の場合においても同様とする。）。

七　教育実習に係る学校並びに幼稚園教諭の普通免許状に係る学校並びに幼稚園教諭の普通免許状の授与を受ける場合にあつては小学校、小学校教諭の普通免許状の授与を受ける場合にあつては幼稚園及び中学校、中学校教諭の普通免許状の授与を受ける場合にあつては小学校及び高等学校、高等学校教諭の普通免許状の授与を受ける場合にあつては中学校の教育を中心とするものとする。この場合において、幼稚園又は小学校にあつては、特別支援学校の幼稚部又は小学部を含み、中学校又は高等学校にあつては、中等教育学校の前期課程及び特別支援学校の中学部又は高等部を含む。

校の教員の免許状を有する者を、養護をつかさどる主幹教諭については養護教諭の免許状を有する者を、栄養の指導及び管理をつかさどる主幹教諭については栄養教諭の免許状を有する者を、講師については各相当学校の教員の相当免許状を有する者を、それぞれ充てるものとする。

3　特別支援学校の教員（養護又は栄養の指導及び管理をつかさどる主幹教諭、養護教諭、養護助教諭、栄養教諭並びに特別支援学校において自立教科等の教授を担任する教員を除く。）については、第一項の規定にかかわらず、特別支援学校の教員の免許状のほか、特別支援学校の各部に相当する学校の教員の免許状を有する者でなければならない。

4　中等教育学校の教員（養護又は栄養の指導及び管理をつかさどる主幹教諭、養護教諭、養護助教諭並びに栄養教諭を除く。）については、第一項の規定にかかわらず、中学校の教員の免許状及び高等学校の教員の免許状を有する者でなければならない。

九　教育職員免許法施行規則

（昭和二十九年十月二十七日文部省令第二十六号）
最終改正　平成三十年三月三十日号外文部科学省令第十二号

一〇　地方公務員法

（昭和二十五年十二月十三日法律第二百六十一号）
最終改正　平成三十年七月六日号外法律第七十一号

（平等取扱の原則）

第十三条　すべて国民は、この法律の適用について、平等に取り扱われなければならず、人種、信条、性別、社会的身分若しくは門地によつて、又は第十六条第五号に規定する場合を除く外、政治的意見若しくは政治的所属関係によつて差別されてはならない。

いて準用する。この場合において、同条後段中「当該他の市町村」とあるのは、「当該都道府県」と読み替えるものとする。

（学校運営協議会）

第四十七条の六　教育委員会は、教育委員会規則で定めるところにより、その所管に属する学校ごとに、当該学校の運営及び当該運営への必要な支援に関して協議する機関として、学校運営協議会を置くように努めなければならない。ただし、二以上の学校の運営に関し相互に密接な連携を図る必要がある場合として文部科学省令で定める場合には、二以上の学校について一の学校運営協議会を置くことができる。

2　学校運営協議会の委員は、次に掲げる者について、教育委員会が任命する。
一　対象学校（当該学校運営協議会が、その運営及び当該運営への必要な支援に関して協議する学校をいう。以下この条において同じ。）の所在する地域の住民
二　対象学校に在籍する生徒、児童又は幼児の保護者
三　社会教育法（昭和二十四年法律第二百七号）第九条の七第一項に規定する地域学校協働活動推進員その他の対象学校の運営に資する活動を行う者
四　その他当該教育委員会が必要と認める者

3　対象学校の校長は、前項の委員の任命に関する意見を教育委員会に申し出ることができる。

4　対象学校の校長は、当該対象学校の運営に関して、教育課程の編成その他教育委員会規則で定める事項について基本的な方針を作成し、当該対象学校の学校運営協議会の承認を得なければならない。

5　学校運営協議会は、前項に規定する基本的な方針に基づく対象学校の運営及び当該運営への必要な支援に関し、対象学校の所在する地域の住民、対象学校に在籍する生徒、児童又は幼児の保護者その他の関係者の理解を深めるとともに、対象学校とこれらの者との連携及び協力の推進に資するため、対象学校の運営及び当該運営に関する情報を積極的に提供するよう努めるものとする。

6　学校運営協議会は、対象学校の運営に関する事項（次項に規定する事項を除く。）について、教育委員会又は校長に対して、意見を述べることができる。

7　学校運営協議会は、対象学校の職員の採用その他の任用に関して教育委員会規則で定める事項について、当該職員の任命権者に対して意見を述べることができる。この場合において、当該職員が県費負担教職員（第五十五条第一項又は第六十一条第一項の規定により市町村委員会がその任用に関する事務を行う職員を除く。）であるときは、市町村委員会を経由するものとする。

8　対象職員の任命権者は、当該職員の任用に当たつては、前項の規定により述べられた意見を尊重するものとする。

9　教育委員会は、学校運営協議会の運営が適正を欠くことにより、又は学校運営協議会の運営に現に支障が生じ、若しくは生ずるおそれがあると認められる場合においては、当該学校運営協議会の適正な運営を確保するために必要な措置を講じなければならない。

10　学校運営協議会の委員の任免の手続及び任期、学校運営協議会の議事の手続その他学校運営協議会の運営に関し必要な事項については、教育委員会規則で定める。

七　社会教育法

昭和二十四年六月十日法律第二百七号
最終改正　平成二十九年三月三十一日法律第五号

（社会教育の定義）
第二条　この法律で「社会教育」とは、学校教育法（昭和二十二年法律第二十六号）に基き、学校の教育課程として行われる教育活動を除き、主として青少年及び成人に対して行われる組織的な教育活動（体育及びレクリエーションの活動を含む。）をいう。

（市町村の教育委員会の事務）
第五条　市（特別区を含む。以下同じ。）町村の教育委員会は、社会教育に関し、当該地方の必要に応じ、予算の範囲内において、次の事務を行う。
一　社会教育に必要な援助を行うこと。
二　社会教育委員の委嘱に関すること。
三　公民館の設置及び管理に関すること。
四　所管に属する図書館、博物館、青年の家その他の社会教育施設の設置及び管理に関すること。
五　所管に属する学校の行う社会教育のための講座の開設及びその奨励に関すること。
六　講座の開設及び討論会、講習会、講演会、展示会その他の集会の開催及びこれらの奨励に関すること。
七　家庭教育に関する学習の機会を提供するための講座の開設及び集会の開催並びに家庭教育に関する情報の提供並びにこれらの奨励に関すること。
八　職業教育及び産業に関する科学技術指導のための集会の開催並びにその奨励に関すること。
九　生活の科学化の指導のための集会の開催及びその奨励に関すること。
十　情報化の進展に対応するために必要な知識又は技能に関する学習の機会を提供するための講座の開設及び集会の開催並びにこれらの奨励に関すること。
十一　運動会、競技会その他体育指導のための集会の開催及びその奨励に関すること。
十二　音楽、演劇、美術その他芸術の発表会等の開催及びその奨励に関すること。
十三　主として学齢児童及び学齢生徒（それぞれ学校教育法第十八条に規定する学齢児童及び学齢生徒をいう。）に対し、学校の授業の終了後又は休業日において学校、社会教育施設その他適切な施設を利用して行う学習その他の活動の機会を提供する事業の実施及びその奨励に関すること。
十四　青少年に対しボランティア活動など社会奉仕体験活動、自然体験活動その他の体験活動の機会を提供する事業の実施及びその奨励に関すること。
十五　社会教育における学習の機会を利用して行つた学習の成果を活用して学校、社会教育施設その他地域において行う教育活動その他の活動の機会を提供する事業の実施

十六　社会教育に関する情報の収集、整理及び提供に関すること。
十七　視聴覚教育、体育及びレクリエーションに必要な設備、器材及び資料の提供に関すること。
十八　情報の交換及び調査研究に関すること。
十九　その他第三条第一項の任務を達成するために必要な事務

（学校施設の利用）
第四十四条　学校（国立学校又は公立学校をいう。以下この章において同じ。）の管理機関は、学校教育上支障がないと認める限り、その管理する学校の施設を社会教育のために利用に供するように努めなければならない。

八　教育職員免許法

昭和二十四年五月三十一日法律第百四十七号
最終改正　平成二十九年五月三十一日法律第四十一号

（定義）
第二条　この法律で「教育職員」とは、学校教育法（昭和二十二年法律第二十六号）第一条に定める幼稚園、小学校、中学校、義務教育学校、高等学校、中等教育学校及び特別支援学校（以下「学校」という。）の主幹教諭、指導教諭、教諭、助教諭、養護教諭、養護助教諭、栄養教諭及び講師（以下「教員」という。）をいう。

2　この法律で「所轄庁」とは、大学附置の国立学校（学校教育法第二条第二項に規定する国立学校をいう。）又は公立学校の教員にあつてはその大学の学長、大学附置の学校以外の公立学校の教員にあつてはその学校を所管する教育委員会、私立学校の教員にあつては都道府県知事をいう。

（免許）
第三条　教育職員は、この法律により授与する各相当の免許状を有する者でなければならない。

2　前項の規定にかかわらず、主幹教諭（養護又は栄養の指導及び管理をつかさどる主幹教諭を除く。）及び指導教諭については各相当学

教育関係法規(抜粋)

（特別支援学校の教育課程の基準）

第百二十九条　特別支援学校の幼稚部の教育課程その他の保育内容並びに小学部、中学部及び高等部の教育課程については、この章に定めるもののほか、教育課程その他の保育内容又は教育課程の基準として文部科学大臣が別に公示する特別支援学校幼稚部教育要領、特別支援学校小学部・中学部学習指導要領及び特別支援学校高等部学習指導要領によるものとする。

別表第一（第五十一条関係）

区分	第一学年	第二学年	第三学年	第四学年	第五学年	第六学年
各教科の授業時数　国語	三〇六	三一五	二四五	二四五	一七五	一七五
社会			七〇	九〇	一〇〇	一〇五
算数	一三六	一七五	一七五	一七五	一七五	一七五
理科			九〇	一〇五	一〇五	一〇五
生活	一〇二	一〇五				
音楽	六八	七〇	六〇	六〇	五〇	五〇
図画工作	六八	七〇	六〇	六〇	五〇	五〇
家庭					六〇	五五
体育	一〇二	一〇五	一〇五	一〇五	九〇	九〇
特別の教科である道徳の授業時数	三四	三五	三五	三五	三五	三五
外国語活動の授業時数			三五	三五		
総合的な学習の時間の授業時数			七〇	七〇	七〇	七〇
特別活動の授業時数	三四	三五	三五	三五	三五	三五
総授業時数	八五〇	九一〇	九八〇	一〇一五	一〇一五	一〇一五

備考
一　この表の授業時数の一単位時間は、四十五分とする。
二　特別活動の授業時数は、小学校学習指導要領で定める学級活動（学校給食に係るものを除く。）に充てるものとする。
三　第五十条第二項の場合において、特別の教科である道徳のほかに、宗教を加えるときは、宗教の授業時数をもってこの表の特別の教科である道徳の授業時数の一部に代えることができる。（別表第二及び別表第四の場合においても同様とする。）

別表第二（第七十三条関係）

区分	第一学年	第二学年	第三学年
必修教科の授業時数　国語	一四〇	一四〇	一〇五
社会	一〇五	一〇五	一四〇
数学	一四〇	一〇五	一四〇
理科	一〇五	一四〇	一四〇
音楽	四五	三五	三五
美術	四五	三五	三五
保健体育	一〇五	一〇五	一〇五
技術・家庭	七〇	七〇	三五
外国語	一四〇	一四〇	一四〇
特別の教科である道徳の授業時数	三五	三五	三五
総合的な学習の時間の授業時数	五〇	七〇	七〇
特別活動の授業時数	三五	三五	三五
総授業時数	一〇一五	一〇一五	一〇一五

備考
一　この表の授業時数の一単位時間は、五十分とする。
二　特別活動の授業時数は、中学校学習指導要領で定める学級活動（学校給食に係るものを除く。）に充てるものとする。

六　地方教育行政の組織及び運営に関する法律

昭和三十一年六月三十日法律第百六十二号
最終改正　平成三十年六月八日号外法律第四十二号

（教育委員会の職務権限）

第二十一条　教育委員会は、当該地方公共団体が処理する教育に関する事務で、次に掲げるものを管理し、及び執行する。

一　教育委員会の所管に属する第三十条に規定する学校その他の教育機関（以下「学校その他の教育機関」という。）の設置、管理及び廃止に関すること。

二　教育委員会の所管に属する学校その他の教育機関の用に供する財産（以下「教育財産」という。）の管理に関すること。

三　教育委員会及び教育委員会の所管に属する学校その他の教育機関の職員の任免その他の人事に関すること。

四　学齢生徒及び学齢児童の就学並びに生徒、児童及び幼児の入学、転学及び退学に関すること。

五　教育委員会の所管に属する学校の組織編制、教育課程、学習指導、生徒指導及び職業指導に関すること。

六　教科書その他の教材の取扱いに関すること。

七　校舎その他の施設及び教具その他の設備の整備に関すること。

八　校長、教員その他の教育関係職員の研修に関すること。

九　校長、教員その他の教育関係職員並びに生徒、児童及び幼児の保健、安全、厚生及び福利に関すること。

十　教育委員会の所管に属する学校その他の教育機関の環境衛生に関すること。

十一　学校給食に関すること。

十二　青少年教育、女性教育及び公民館の事業その他社会教育に関すること。

十三　スポーツに関すること。

十四　文化財の保護に関すること。

十五　ユネスコ活動に関すること。

十六　教育に関する法人に関すること。

十七　教育に係る調査及び基幹統計その他の統計に関すること。

十八　所掌事務に係る広報及び所掌事務に係る教育行政に関する相談に関すること。

十九　前各号に掲げるものほか、当該地方公共団体の区域内における教育に関する事務に関すること。

（長の職務権限）

第二十二条　地方公共団体の長は、大綱の策定に関する事務のほか、次に掲げる教育に関する事務を管理し、及び執行する。

一　大学に関すること。

二　幼保連携型認定こども園に関すること。

三　私立学校に関すること。

四　教育財産を取得し、及び処分すること。

五　教育委員会の所掌に係る事項に関する契約を結ぶこと。

六　前号に掲げるもののほか、教育委員会の所掌に係る事項に関する予算を執行すること。

（任命権者）

第三十七条　市町村立学校職員給与負担法（昭和二十三年法律第百三十五号）第一条及び第二条に規定する職員（以下「県費負担教職員」という。）の任命権は、都道府県委員会に属する。

（市町村委員会の内申）

第三十八条　都道府県委員会は、市町村委員会の内申をまって、県費負担教職員の任免その他の進退を行うものとする。

（県費負担教職員の免職及び都道府県の職への採用）

第四十七条の二　都道府県委員会は、地方公務員法第二十七条第二項及び第二十八条第一項の規定にかかわらず、その任命に係る市町村の県費負担教職員（教諭、養護教諭、栄養教諭、助教諭、養護助教諭（同法第二十八条の四第一項又は第二十八条の五第一項の規定により採用された者（以下この項において「再任用職員」という。）及び同法第二十二条の二第一項各号に掲げる者（再任用職員を除く。）を除く。）並びに講師（再任用職員及び同法第二十二条の二第一項各号に掲げる者（再任用職員を除く。）に該当する者を除く。）とし、次の各号のいずれかに該当するもの（同法第二十八条第一項各号又は第二十八条第二項各号のいずれかに該当する者を除く。）を免職し、引き続いて当該都道府県の常時勤務を要する職（指導主事並びに校長、園長及び教員の職を除く。）に採用することができる。

一　児童又は生徒に対する指導が不適切であること。

二　研修等必要な措置が講じられたとしてもなお児童又は生徒に対する指導を適切に行うことができないと認められること。

2　事実の確認の方法その他前項の県費負担教職員が同項各号に該当するかどうかを判断するための手続に関し必要な事項は、都道府県の教育委員会規則で定めるものとする。

3　都道府県委員会は、第一項の規定による採用に当たっては、公務の能率的な運営を確保する見地から、同項の県費負担教職員の適性、知識等について十分に考慮するものとする。

4　第四十条後段の規定は、第一項の場合について

ができる。この場合において、公立小学校についてはこの旨を教育委員会に報告しなければならない。

（自己評価の実施・公表）
第六十六条　小学校は、当該小学校の教育活動その他の学校運営の状況について、自ら評価を行い、その結果を公表するものとする。
2　前項の評価を行うに当たっては、小学校は、その実情に応じ、適切な項目を設定して行うものとする。

（保護者など学校関係者による評価の実施・公表）
第六十七条　小学校は、前条第一項の規定による評価の結果を踏まえた当該小学校の児童の保護者その他の当該小学校の関係者（当該小学校の職員を除く。）による評価を行い、その結果を公表するよう努めるものとする。

（評価結果の設置者への報告）
第六十八条　小学校は、第六十六条第一項の規定及び前条の規定により評価を行った場合はその結果を、当該小学校の設置者に報告するものとする。

（生徒指導主事）
第七十条　中学校には、生徒指導主事を置くものとする。
2　前項の規定にかかわらず、第四項に規定する生徒指導主事の担当する校務を整理する主幹教諭を置くときその他特別の事情のあるときは、生徒指導主事を置かないことができる。
3　生徒指導主事は、指導教諭又は教諭をもって、これに充てる。校長の監督を受け、生徒指導に関する事項をつかさどり、当該事項について連絡調整及び指導、助言に当たる。

（進路指導主事）
第七十一条　中学校には、進路指導主事を置くものとする。
2　前項の規定にかかわらず、第三項に規定する進路指導主事の担当する校務を整理する主幹教諭を置くときは、進路指導主事を置かないことができる。
3　進路指導主事は、指導教諭又は教諭をもって、これに充てる。校長の監督を受け、生徒の職業選択の指導その他の進路の指導に関する事項をつかさどり、当該事項について連絡調整及び指導、助言に当たる。

（中学校の教育課程の編成）
第七十二条　中学校の教育課程は、国語、社会、数学、理科、音楽、美術、保健体育、技術・家庭及び外国語の各教科（以下本章及び第七章中「各教科」という。）、特別の教科である道徳、総合的な学習の時間並びに特別活動によって編成するものとする。

（中学校の授業時数）
第七十三条　中学校（併設型中学校及び第七十五条第二項に規定する連携型中学校を除く。）の各学年における各教科、特別の教科である道徳、総合的な学習の時間及び特別活動のそれぞれの授業時数並びに各学年におけるこれらの総授業時数は、別表第二に定める授業時数を標準とする。

（中学校の教育課程の基準）
第七十四条　中学校の教育課程については、この章に定めるもののほか、教育課程の基準として文部科学大臣が別に公示する中学校学習指導要領によるものとする。

（小学校連携型中学校の教育課程）
第七十四条の二　中学校（併設型中学校及び第七十九条の九第二項に規定する連携型中学校を除く。）においては、小学校における教育との一貫性に配慮した教育を施すため、当該中学校の設置者が当該小学校の設置者との協議に基づき定めるところにより、教育課程を編成することができる。
2　前項の規定により教育課程を編成する中学校（以下「小学校連携型中学校」という。）は、中学校連携型小学校と連携し、その教育課程を実施するものとする。

（小学校連携型中学校の授業時数）
第七十四条の三　小学校連携型中学校の各学年における各教科、道徳、総合的な学習の時間及び特別活動のそれぞれの授業時数並びに各学年におけるこれらの総授業時数は、別表第二の三に定める授業時数を標準とする。

（小学校連携型中学校の教育課程の基準の特例）
第七十四条の四　小学校連携型中学校の教育課程については、この章に定めるもののほか、教育課程の基準の特例として文部科学大臣が別に定めるところによるものとする。

（連携型中学校の教育課程）
第七十五条　中学校（併設型中学校、小学校連携型中学校及び第七十九条の九第二項に規定する連携型中学校を除く。）においては、高等学校における教育との一貫性に配慮した教育を施すため、当該中学校の設置者が当該高等学校の設置者との協議に基づき定めるところにより、教育課程を編成することができる。
2　前項の規定により教育課程を編成する中学校（以下「連携型中学校」という。）は、第八十七条第一項の規定により教育課程を編成する高等学校と連携し、その教育課程を実施するものとする。

（連携型中学校の授業時数の特例）
第七十六条　連携型中学校の各学年における各教科、特別の教科である道徳、総合的な学習の時間及び特別活動のそれぞれの授業時数並びに各学年におけるこれらの総授業時数は、別表第四に定める授業時数を標準とする。

（連携型中学校の教育課程の基準の特例）
第七十七条　連携型中学校の教育課程については、この章に定めるもののほか、教育課程の基準の特例として文部科学大臣が別に定めるところによるものとする。

（高等学校の教育課程の編成）
第八十三条　高等学校の教育課程は、別表第三に定める各教科に属する科目、特別活動及び総合的な学習の時間によって編成するものとする。

（高等学校の教育課程の基準）
第八十四条　高等学校の教育課程については、この章に定めるもののほか、教育課程の基準として文部科学大臣が別に公示する高等学校学習指導要領によるものとする。

（特別支援学校小学部の教育課程の編成）
第百二十六条　特別支援学校の小学部の教育課程は、国語、社会、算数、理科、生活、音楽、図画工作、家庭及び体育の各教科、特別の教科である道徳、外国語活動、総合的な学習の時間、特別活動並びに自立活動によって編成するものとする。
2　前項の規定にかかわらず、知的障害者である児童を教育する場合は、生活、国語、算数、音楽、図画工作及び体育の各教科、特別の教科である道徳、特別活動並びに自立活動によって教育課程を編成するものとする。

（特別支援学校中学部の教育課程の編成）
第百二十七条　特別支援学校の中学部の教育課程は、国語、社会、数学、理科、音楽、美術、保健体育、技術・家庭及び外国語の各教科、特別の教科である道徳、総合的な学習の時間、特別活動並びに自立活動によって編成するものとする。
2　前項の規定にかかわらず、知的障害者である生徒を教育する場合は、国語、社会、数学、理科、音楽、美術、保健体育、職業・家庭の各教科、特別の教科である道徳、総合的な学習の時間、特別活動並びに自立活動によって教育課程を編成するものとする。ただし、必要がある場合には、外国語科を加えて教育課程を編成することができる。

（特別支援学校高等部の教育課程の編成）
第百二十八条　特別支援学校の高等部の教育課程は、別表第三及び別表第五に定める各教科に属する科目、総合的な学習の時間、特別活動並びに自立活動によって編成するものとする。
2　前項の規定にかかわらず、知的障害者である生徒を教育する場合は、国語、社会、数学、理科、音楽、美術、保健体育、職業、家政、農業、工業、流通・サービス及び福祉の各教科、第百二十九条に規定する特別支援学校高等部学習指導要領で定めるこれら以外の教科及び特別の教科である道徳、総合的な学習の時間、特別活動並びに自立活動によって教育課程を編成するものとする。

及び中等教育学校には、次の各号のいずれかに該当する児童及び生徒のために、特別支援学級を置くことができる。
一 知的障害者
二 肢体不自由者
三 身体虚弱者
四 弱視者
五 難聴者
六 その他障害のある者で、特別支援学級において教育を行うことが適当なもの

3 前項に規定する学校においては、疾病により療養中の児童及び生徒に対して、特別支援学級を設け、又は教員を派遣して、教育を行うことができる。

四 学校教育法施行令

昭和二十八年十月三十一日政令第三百四十号
最終改正 平成二十九年九月十三日政令第二百三十八号

内閣は、学校教育法（昭和二十二年法律第二十六号）第四条、第二十二条第二項、第四十条、第八十三条第三項及び第八十八条の規定に基き、この政令を制定する。

第一章 就学義務
第一節 学齢簿（第一条—第四条）
第二節 小学校、中学校及び中等教育学校（第五条—第十条）
第三節 特別支援学校（第十一条—第十八条）
第三節の二 保護者及び視覚障害者等の就学に関する専門的知識を有する者の意見聴取（第十八条の二）
第四節 督促等（第十九条—第二十一条）
第五節 就学義務の終了（第二十二条）
第六節 行政手続法の適用除外（第二十二条の二）

第二章 認可、届出等
第一節 認可及び届出等（第二十三条—第二十八条）
第二節 学期、休業日及び学校廃止後の書類の保存（第二十九条—第三十一条）

第三章

五 学校教育法施行規則

昭和二十二年五月二十三日文部省令第十一号
最終改正 平成三十年八月三十一日号外文部科学省令第二十八号

（学校備えつけ表簿）
第二十八条 学校において備えなければならない表簿は、概ね次のとおりとする。
一 学校に関係のある法令
二 学則、日課表、履歴書、出勤簿並びに担任学級、担任の教科又は科目及び時間表
三 職員の名簿、履歴書、出勤簿並びに担任医執務記録簿、学校歯科医執務記録簿、学校薬剤師執務記録簿及び学校日誌
四 指導要録、その写し及び抄本並びに出席簿及び健康診断に関する表簿
五 入学者の選抜及び成績考査に関する表簿
六 資産原簿、出納簿及び経費の予算決算についての帳簿並びに図書機械器具、標本、模型等の教具の目録
七 往復文書処理簿

2 前項の表簿（第二十四条第二項の抄本又は写しを除く。）は、別に定めるものを除き、五年間保存しなければならない。ただし、指導要録及びその写しのうち入学、卒業等の学籍に関する記録については、その保存期間は、二十年間とする。

四 学校教育法施行令

第四章 技能教育施設の指定（第三十二条—第三十九条）
第五章 認証評価（第四十条）
第六章 審議会等（第四十一条—第四十三条）
附則

（学期及び休業日）
第二十九条 公立の学校（大学を除く。）の学期及び夏季、冬季、学年末、農繁期等における休業日は、市町村又は都道府県の設置する学校にあつては当該市町村又は都道府県の教育委員会が、公立大学法人の設置する高等専門学校にあつては当該公立大学法人の理事長が定める。

（職員会議の設置）
第四十八条 小学校には、設置者の定めるところにより、校長の職務の円滑な執行に資するため、職員会議を置くことができる。
2 職員会議は、校長が主宰する。

（学校評議員の設置）
第四十九条 小学校には、設置者の定めるところにより、学校評議員を置くことができる。
2 学校評議員は、校長の求めに応じ、学校運営に関し意見を述べることができる。
3 学校評議員は、当該小学校の職員以外の者で教育に関する理解及び識見を有するもののうちから、校長の推薦により、当該小学校の設置者が委嘱する。

（小学校の教育課程の編成）
第五十条 小学校の教育課程は、国語、社会、算数、理科、生活、音楽、図画工作、家庭及び体育の各教科（以下この節において「各教科」という。）、特別の教科である道徳、外国語活動、総合的な学習の時間並びに特別活動によつて編成するものとする。
2 私立の小学校の教育課程を編成する場合は、前項の規定にかかわらず、宗教を加えることができる。この場合においては、宗教をもつて前項の道徳に代えることができる。

（小学校の授業時数）
第五十一条 小学校の各学年における各教科、特別の教科である道徳、外国語活動、総合的な学習の時間及び特別活動のそれぞれの授業時数並びに各学年におけるこれらの総授業時数は、別表第一に定める授業時数を標準とする。

（小学校の教育課程の基準）
第五十二条 小学校の教育課程については、この節に定めるもののほか、教育課程の基準として文部科学大臣が別に公示する小学校学習指導要領によるものとする。

（中学校連携型小学校の教育課程）
第五十二条の二 小学校（第七十九条の九第二項に規定する中学校併設型小学校を除く。）は、その設置者が当該小学校における教育との一貫性に配慮した教育を施すため、当該小学校の設置者との協議に基づき定めるところにより、教育課程を編成することができる。
2 前項の規定により教育課程を編成する小学校（以下「中学校連携型小学校」という。）は、第七十四条の二第一項の規定により教育課程を編成する中学校と連携し、その教育課程を実施するものとする。

（中学校連携型小学校の授業時数）
第五十二条の三 中学校連携型小学校の各学年における各教科、道徳、外国語活動、総合的な学習の時間及び特別活動のそれぞれの総授業時数並びに各学年におけるこれらの総授業時数は、別表第二の二に定める授業時数を標準とする。

（教育課程編成の特例）
第五十三条 小学校においては、必要がある場合には、一部の各教科について、これらを合わせて授業を行うことができる。

（授業終始時刻）
第六十条 授業終始の時刻は、校長が定める。

（公立小学校の休業日）
第六十一条 公立小学校における休業日は、次のとおりとする。ただし、第三号に掲げる日を除き、特別の必要がある場合は、この限りでない。
一 国民の祝日に関する法律（昭和二十三年法律第百七十八号）に規定する日
二 日曜日及び土曜日
三 学校教育法施行令第二十九条の規定により教育委員会が定める日

（非常変災等による臨時休業）
第六十三条 非常変災その他急迫の事情があるときは、校長は、臨時に授業を行わないことが

その他の学校運営の状況に関する情報を積極的に提供するものとする。

(中学校の目的)
第四十五条　中学校は、小学校における教育の基礎の上に、心身の発達に応じて、義務教育として行われる普通教育を施すことを目的とする。

(中学校教育の目標)
第四十六条　中学校における教育は、前条に規定する目的を実現するため、第二十一条各号に掲げる目標を達成するよう行われるものとする。

(準用規定)
第四十九条　第三十条第二項、第三十一条、第三十四条、第三十五条及び第三十七条から第四十四条までの規定は、中学校に準用する。この場合において、第三十条第二項中「前項」とあるのは「第四十六条」と、第三十一条中「前条第一項」とあるのは「第四十六条各号」と読み替えるものとする。

(義務教育学校の目的)
第四十九条の二　義務教育学校は、心身の発達に応じて、義務教育として行われる普通教育を基礎的なものから一貫して施すことを目的とする。

(義務教育学校の目標)
第四十九条の三　義務教育学校における教育は、前条に規定する目的を実現するため、第二十一条各号に掲げる目標を達成するよう行われるものとする。

(義務教育学校の修業年限)
第四十九条の四　義務教育学校の修業年限は、九年とする。

(義務教育学校の課程)
第四十九条の五　義務教育学校の課程は、これを前期六年の前期課程及び後期三年の後期課程に区分する。

(義務教育学校の各課程における教育)
第四十九条の六　義務教育学校の前期課程における教育は、第四十九条の二に規定する目的

のうち、心身の発達に応じて、義務教育として行われる普通教育のうち基礎的なものを施すことを実現するために必要な程度において第二十一条各号に掲げる目標を達成するよう行われるものとする。

2　義務教育学校の後期課程における教育は、第四十九条の二に規定する目的のうち、前期課程における教育の基礎の上に、心身の発達に応じて、義務教育として行われる普通教育を施すことを実現するため、第二十一条各号に掲げる目標を達成するよう行われるものとする。

(義務教育学校の各課程の教育課程)
第四十九条の七　義務教育学校の前期課程及び後期課程の教育課程に関する事項は、第四十九条の二、第四十九条の三及び前条の規定並びに次条において読み替えて準用する第三十条第二項の規定に従い、文部科学大臣が定める。

(準用規定)
第四十九条の八　第三十条第二項、第三十一条、第三十四条から第三十七条まで及び第四十二条から第四十四条までの規定は、義務教育学校に準用する。この場合において、第三十条第二項中「前項」とあるのは「第四十九条の三」と読み替えるものとする。

(高等学校の目的)
第五十条　高等学校は、中学校における教育の基礎の上に、心身の発達及び進路に応じて、高度な普通教育及び専門教育を施すことを目的とする。

(高等学校教育の目標)
第五十一条　高等学校における教育は、前条に規定する目的を実現するため、次に掲げる目標を達成するよう行われるものとする。

一　義務教育として行われる普通教育の成果を更に発展拡充させて、豊かな人間性、創造性及び健やかな身体を養い、国家及び社会の形成者として必要な資質を養うこと。

二　社会において果たさなければならない使命の自覚に基づき、個性に応じて将来の進

路を決定させ、一般的な教養を高め、専門的な知識、技術及び技能を習得させること。

三　個性の確立に努めるとともに、社会について、広く深い理解と健全な批判力を養い、社会の発展に寄与する態度を養うこと。

(高等学校の教職員)
第六十条　高等学校には、校長、教頭、教諭及び事務職員を置かなければならない。

2　高等学校には、前項に規定するもののほか、副校長、主幹教諭、指導教諭、養護教諭、栄養教諭、養護助教諭、実習助手、技術職員その他必要な職員を置くことができる。

3　第一項の規定にかかわらず、副校長を置くときは、教頭を置かないことができる。

4　実習助手は、実験又は実習について、教諭の職務を助ける。

5　特別の事情のあるときは、第一項の規定にかかわらず、教諭に代えて助教諭又は講師を置くことができる。

6　技術職員は、技術に従事する。

(準用規定)
第六十二条　第三十条第二項、第三十一条、第三十四条、第三十七条第四項から第十七項まで及び第十九項並びに第四十二条から第四十四条までの規定は、高等学校に準用する。この場合において、第三十条第二項中「前項」とあるのは「第五十一条」と、第三十一条中「前条第一項」とあるのは「第五十一条」と読み替えるものとする。

(中等教育学校の目的)
第六十三条　中等教育学校は、小学校における教育の基礎の上に、心身の発達及び進路に応じて、義務教育として行われる普通教育並びに高度な普通教育及び専門教育を一貫して施すことを目的とする。

(中等教育学校の目標)
第六十四条　中等教育学校は、前条に規定する目的を実現するため、次に掲げる目標を達成するよう行われるものとする。

一　豊かな人間性、創造性及び健やかな身体を養い、国家及び社会の形成者として必要な資質を養うこと。

二　社会において果たさなければならない使命の自覚に基づき、個性に応じて将来の進路を決定させ、一般的な教養を高め、専門的な知識、技術及び技能を習得させること。

三　個性の確立に努めるとともに、社会について、広く深い理解と健全な批判力を養い、社会の発展に寄与する態度を養うこと。

(中等教育学校の修業年限)
第六十五条　中等教育学校の修業年限は、六年とする。

(特別支援学校の目的)
第七十二条　特別支援学校は、視覚障害者、聴覚障害者、知的障害者、肢体不自由者又は病弱者(身体虚弱者を含む。以下同じ。)に対して、幼稚園、小学校、中学校又は高等学校に準ずる教育を施すとともに、障害による学習上又は生活上の困難を克服し自立を図るために必要な知識技能を授けることを目的とする。

(特別支援学校の教育の明示)
第七十三条　特別支援学校においては、文部科学大臣の定めるところにより、前条に規定する者に対する教育のうち当該学校が行うものを明らかにするものとする。

(助言又は援助)
第七十四条　特別支援学校においては、第七十二条に規定する目的を実現するための教育を行うほか、幼稚園、小学校、中学校、義務教育学校、高等学校又は中等教育学校の要請に応じて、第八十一条第一項に規定する幼児、児童又は生徒の教育に関し必要な助言又は援助を行うよう努めるものとする。

(特別支援学級)
第八十一条　幼稚園、小学校、中学校、義務教育学校、高等学校及び中等教育学校においては、次項各号のいずれかに該当する幼児、児童及び生徒その他教育上特別の支援を必要とする幼児、児童及び生徒に対し、文部科学大臣の定めるところにより、障害による学習上又は生活上の困難を克服するための教育を行うものとする。

2　小学校、中学校、義務教育学校、高等学校

教育関係法規(抜粋)

三　我が国と郷土の現状と歴史について、正しい理解に導き、伝統と文化を尊重し、それらをはぐくんできた我が国と郷土を愛する態度を養うとともに、進んで外国の文化の理解を通じて、他国を尊重し、国際社会の平和と発展に寄与する態度を養うこと。
四　家族と家庭の役割、生活に必要な衣、食、住、情報、産業その他の事項について基礎的な理解と技能を養うこと。
五　読書に親しませ、生活に必要な国語を正しく理解し、使用する基礎的な能力を養うこと。
六　生活に必要な数量的な関係を正しく理解し、処理する基礎的な能力を養うこと。
七　生活にかかわる自然現象について、観察及び実験を通じて、科学的に理解し、処理する基礎的な能力を養うこと。
八　健康、安全で幸福な生活のために必要な習慣を養うとともに、運動を通じて体力を養い、心身の調和的発達を図ること。
九　生活を明るく豊かにする音楽、美術、文芸その他の芸術について基礎的な理解と技能を養うこと。
十　職業についての基礎的な知識と技能、勤労を重んずる態度及び個性に応じて将来の進路を選択する能力を養うこと。

(小学校の目的)
第三十九条　小学校は、心身の発達に応じて、義務教育として行われる普通教育のうち基礎的なものを施すことを目的とする。

(小学校教育の目標)
第三十条　小学校における教育は、前条に規定する目的を実現するために必要な程度において第二十一条各号に掲げる目標を達成するよう行われるものとする。
2　前項の場合においては、生涯にわたり学習する基盤が培われるよう、基礎的な知識及び技能を習得させるとともに、これらを活用して課題を解決するために必要な思考力、判断力、表現力その他の能力をはぐくみ、主体的に学習に取り組む態度その他の能力を養うことに、特に意を用いなければならない。

(体験活動)
第三十一条　小学校においては、前条第一項の規定による目標の達成に資するよう、教育指導を行うに当たり、児童の体験的な学習活動、特にボランティア活動など社会奉仕体験活動、自然体験活動その他の体験活動の充実に努めるものとする。この場合において、社会教育関係団体その他の関係団体及び関係機関との連携に十分配慮しなければならない。

(教科用図書・その他の教材の使用)
第三十四条　小学校においては、文部科学大臣の検定を経た教科用図書又は文部科学省が著作の名義を有する教科用図書を使用しなければならない。
2　前項に規定する教科用図書(以下この条において「教科用図書」という。)の内容を文部科学大臣の定めるところにより記録した電磁的記録(電子的方式、磁気的方式その他の人の知覚によっては認識することができない方式で作られる記録であつて、電子計算機による情報処理の用に供されるものをいう。)である教材がある場合には、同項の規定にかかわらず、文部科学大臣の定めるところにより、児童の教育の充実を図るため必要があると認められる教育課程の一部において、教科用図書に代えて当該教材を使用することができる。
3　前項に規定する場合において、視覚障害、発達障害その他の文部科学大臣の定める事由により教科用図書を使用して学習することが困難な児童に対し、教科用図書に用いられた文字、図形等の拡大又は音声への変換その他の同項に規定する教材を電子計算機において用いることにより可能となる方法で指導することにより当該児童の学習上の困難の程度を低減させる必要があると認められるときは、文部科学大臣の定めるところにより、教育課程の全部又は一部において、教科用図書に代えて当該教材を使用することができる。
4　教科用図書及び第二項に規定する教材以外の教材で、有益適切なものは、これを使用することができる。
5　第一項の検定の申請に係る教科用図書に関し調査審議させるための審議会等(国家行政組織法(昭和二十三年法律第百二十号)第八条に規定する機関をいう。以下同じ。)については、政令で定める。

(児童の出席停止)
第三十五条　市町村の教育委員会は、次に掲げる行為の一又は二以上を繰り返し行う等性行不良であつて他の児童の教育に妨げがあると認める児童があるときは、その保護者に対して、児童の出席停止を命ずることができる。
一　他の児童に傷害、心身の苦痛又は財産上の損失を与える行為
二　職員に傷害又は心身の苦痛を与える行為
三　施設又は設備を損壊する行為
四　授業その他の教育活動の実施を妨げる行為
2　市町村の教育委員会は、前項の規定により出席停止を命ずる場合には、あらかじめ保護者の意見を聴取するとともに、理由及び期間を記載した文書を交付しなければならない。
3　前項に規定するもののほか、出席停止の命令の手続に関し必要な事項は、教育委員会規則で定めるものとする。
4　市町村の教育委員会は、出席停止の命令に係る児童の出席停止の期間における学習に対する支援その他の教育上必要な措置を講ずるものとする。

(教職員)
第三十七条　小学校には、校長、教頭、教諭、養護教諭及び事務職員を置かなければならない。
2　小学校には、前項に規定するもののほか、副校長、主幹教諭、指導教諭、栄養教諭その他必要な職員を置くことができる。
3　第一項の規定にかかわらず、副校長を置くときその他特別の事情のあるときは教頭を、養護をつかさどる主幹教諭を置くときその他特別の事情のあるときは養護教諭を、特別の事情のあるときは事務職員を、それぞれ置かないことができる。
4　校長は、校務をつかさどり、所属職員を監督する。
5　副校長は、校長を助け、命を受けて校務をつかさどる。
6　副校長は、校長に事故があるときはその職務を代理し、校長が欠けたときはその職務を行う。この場合において、副校長が二人以上あるときは、あらかじめ校長が定めた順序で、その職務を代理し、又は行う。
7　教頭は、校長(副校長を置く小学校にあつては、校長及び副校長)を助け、校務を整理し、及び必要に応じ児童の教育をつかさどる。
8　教頭は、校長(副校長を置く小学校にあつては、校長及び副校長)に事故があるときは校長の職務を代理し、校長(副校長を置く小学校にあつては、校長及び副校長)が欠けたときは校長の職務を行う。この場合において、教頭が二人以上あるときは、あらかじめ校長が定めた順序で、校長の職務を代理し、又は行う。
9　主幹教諭は、校長(副校長を置く小学校にあつては、校長及び副校長)及び教頭を助け、命を受けて校務の一部を整理し、並びに児童の教育をつかさどる。
10　指導教諭は、児童の教育をつかさどり、並びに教諭その他の職員に対して、教育指導の改善及び充実のために必要な指導及び助言を行う。
11　教諭は、児童の教育をつかさどる。
12　養護教諭は、児童の養護をつかさどる。
13　栄養教諭は、児童の栄養の指導及び管理をつかさどる。
14　事務職員は、事務に従事する。
15　助教諭は、教諭の職務を助ける。
16　講師は、教諭又は助教諭に準ずる職務に従事する。
17　養護助教諭は、養護教諭の職務を助ける。
18　特別の事情のあるときは、第一項の規定にかかわらず、教諭に代えて助教諭又は講師を、養護教諭に代えて養護助教諭を置くことができる。
19　学校の実状に照らし必要があると認めるときは、第九項の規定にかかわらず、校長(副校長を置く小学校にあつては、校長及び副校長)及び教頭を助け、命を受けて校務の一部を整理し、並びに児童の養護又は栄養の指導及び管理をつかさどる主幹教諭を置くことができる。

(自己評価等)
第四十二条　小学校は、文部科学大臣の定めるところにより当該小学校の教育活動その他の学校運営の状況について評価を行い、その結果に基づき学校運営の改善を図るため必要な措置を講ずることにより、その教育水準の向上に努めなければならない。

(情報の積極的な提供)
第四十三条　小学校は、当該小学校に関する保護者及び地域住民その他の関係者の理解を深めるとともに、これらの者との連携及び協力の推進に資するため、当該小学校の教育活動

（私立学校）
第八条　私立学校の有する公の性質及び学校教育において果たす重要な役割にかんがみ、国及び地方公共団体は、その自主性を尊重しつつ、助成その他の適当な方法によって私立学校教育の振興に努めなければならない。

（教員）
第九条　法律に定める学校の教員は、自己の崇高な使命を深く自覚し、絶えず研究と修養に励み、その職責の遂行に努めなければならない。
2　前項の教員については、その使命と職責の重要性にかんがみ、その身分は尊重され、待遇の適正が期せられるとともに、養成と研修の充実が図られなければならない。

（家庭教育）
第十条　父母その他の保護者は、子の教育について第一義的責任を有するものであって、生活のために必要な習慣を身に付けさせるとともに、自立心を育成し、心身の調和のとれた発達を図るよう努めるものとする。
2　国及び地方公共団体は、家庭教育の自主性を尊重しつつ、保護者に対する学習の機会及び情報の提供その他の家庭教育を支援するために必要な施策を講ずるよう努めなければならない。

（幼児期の教育）
第十一条　幼児期の教育は、生涯にわたる人格形成の基礎を培う重要なものであることにかんがみ、国及び地方公共団体は、幼児の健やかな成長に資する良好な環境の整備その他適当な方法によって、その振興に努めなければならない。

（社会教育）
第十二条　個人の要望や社会の要請にこたえ、社会において行われる教育は、国及び地方公共団体によって奨励されなければならない。
2　国及び地方公共団体は、図書館、博物館、公民館その他の社会教育施設の設置、学校の施設の利用、学習の機会及び情報の提供その他の適当な方法によって社会教育の振興に努めなければならない。

（学校、家庭及び地域住民等の相互の連携協力）
第十三条　学校、家庭及び地域住民その他の関係者は、教育におけるそれぞれの役割と責任を自覚するとともに、相互の連携及び協力に努めるものとする。

（政治教育）
第十四条　良識ある公民として必要な政治的教養は、教育上尊重されなければならない。
2　法律に定める学校は、特定の政党を支持し、又はこれに反対するための政治教育その他政治的活動をしてはならない。

（宗教教育）
第十五条　宗教に関する寛容の態度、宗教に関する一般的な教養及び宗教の社会生活における地位は、教育上尊重されなければならない。
2　国及び地方公共団体が設置する学校は、特定の宗教のための宗教教育その他宗教的活動をしてはならない。

第三章　教育行政

（教育行政）
第十六条　教育は、不当な支配に服することなく、この法律及び他の法律の定めるところにより行われるべきものであり、教育行政は、国と地方公共団体との適切な役割分担及び相互の協力の下、公正かつ適正に行われなければならない。
2　国は、全国的な教育の機会均等と教育水準の維持向上を図るため、教育に関する施策を総合的に策定し、実施しなければならない。
3　地方公共団体は、その実情に応じた教育に関する施策を策定し、実施しなければならない。
4　国及び地方公共団体は、教育が円滑かつ継続的に実施されるよう、必要な財政上の措置を講じなければならない。

（教育振興基本計画）
第十七条　政府は、教育の振興に関する施策の総合的かつ計画的な推進を図るため、教育の振興に関する施策についての基本的な方針及び講ずべき施策その他必要な事項について、基本的な計画を定め、これを国会に報告するとともに、公表しなければならない。
2　地方公共団体は、前項の計画を参酌し、その地域の実情に応じ、当該地方公共団体における教育の振興のための施策に関する基本的な計画を定めるよう努めなければならない。

第四章　法令の制定

第十八条　この法律に規定する諸条項を実施するため、必要な法令が制定されなければならない。

三　学校教育法

昭和二十二年三月三十一日法律第二十六号
最終改正　平成三十年六月一日法律第三十九号

（学校の範囲）
第一条　この法律で、学校とは、幼稚園、小学校、中学校、義務教育学校、高等学校、中等教育学校、特別支援学校、大学及び高等専門学校とする。

（校長・教員の欠格事由）
第九条　次の各号のいずれかに該当する者は、校長又は教員となることができない。
一　成年被後見人又は被保佐人
二　禁錮以上の刑に処せられた者
三　教育職員免許法第十条第一項第二号又は第三号に該当することにより免許状がその効力を失い、当該失効の日から三年を経過しない者
四　教育職員免許法第十一条第一項から第三項までの規定により免許状取上げの処分を受け、三年を経過しない者
五　日本国憲法施行の日以後において、日本国憲法又はその下に成立した政府を暴力で破壊することを主張する政党その他の団体を結成し、又はこれに加入した者

（体罰の禁止）
第十一条　校長及び教員は、教育上必要があると認めるときは、文部科学大臣の定めるところにより、児童、生徒及び学生に懲戒を加えることができる。ただし、体罰を加えることはできない。

（普通教育を受けさせる義務）
第十六条　保護者（子に対して親権を行う者（親権を行う者のないときは、未成年後見人）をいう。以下同じ。）は、次条に定めるところにより、子に九年の普通教育を受けさせる義務を負う。

（就学させる義務）
第十七条　保護者は、子の満六歳に達した日の翌日以後における最初の学年の初めから、満十二歳に達した日の属する学年の終わりまで、これを小学校、義務教育学校の前期課程又は特別支援学校の小学部に就学させる義務を負う。ただし、子が、満十二歳に達した日の属する学年の終わりまでに小学校の課程、義務教育学校の前期課程又は特別支援学校の小学部の課程を修了しないときは、満十五歳に達した日の属する学年の終わり（それまでの間においてこれらの課程を修了したときは、その修了した日の属する学年の終わり）までとする。
2　保護者は、子が小学校の課程、義務教育学校の前期課程又は特別支援学校の小学部の課程を修了した日の翌日以後における最初の学年の初めから、満十五歳に達した日の属する学年の終わりまで、これを中学校、義務教育学校の後期課程、中等教育学校の前期課程又は特別支援学校の中学部に就学させる義務を負う。
3　前二項の義務の履行の督促その他これらの義務の履行に関し必要な事項は、政令で定める。

（義務教育の目標）
第二十一条　義務教育として行われる普通教育は、教育基本法（平成十八年法律第百二十号）第五条第二項に規定する目的を実現するため、次に掲げる目標を達成するよう行われるものとする。
一　学校内外における社会的活動を促進し、自主、自律及び協同の精神、規範意識、公正な判断力並びに公共の精神に基づき主体的に社会の形成に参画し、その発展に寄与する態度を養うこと。
二　学校内外における自然体験活動を促進し、生命及び自然を尊重する精神並びに環境の保全に寄与する態度を養うこと。

教育関係法規（抜粋）

各法律についてさらに詳細を調べるには
(http://www.e-gov.go.jp/law/)
を参照

一　日本国憲法

昭和二十一年十一月三日制定

（戦争の放棄）
第九条　日本国民は、正義と秩序を基調とする国際平和を誠実に希求し、国権の発動たる戦争と、武力による威嚇又は武力の行使は、国際紛争を解決する手段としては、永久にこれを放棄する。
2　前項の目的を達するため、陸海空軍その他の戦力は、これを保持しない。国の交戦権は、これを認めない。

（基本的人権）
第十一条　国民は、すべての基本的人権の享有を妨げられない。この憲法が国民に保障する基本的人権は、侵すことのできない永久の権利として、現在及び将来の国民に与へられる。

（法の下の平等）
第十四条　すべて国民は、法の下に平等であつて、人種、信条、性別、社会的身分又は門地により、政治的、経済的又は社会的関係において、差別されない。

（公務員の本質）
第十五条　公務員を選定し、及びこれを罷免することは、国民固有の権利である。
2　すべて公務員は、全体の奉仕者であつて、一部の奉仕者ではない。

（思想及び良心の自由）
第十九条　思想及び良心の自由は、これを侵してはならない。

（信教の自由）
第二十条　信教の自由は、何人に対してもこれを保障する。いかなる宗教団体も、国から特権を受け、又は政治上の権力を行使してはならない。
2　何人も、宗教上の行為、祝典、儀式又は行事に参加することを強制されない。
3　国及びその機関は、宗教教育その他いかなる宗教的活動もしてはならない。

（学問の自由）
第二十三条　学問の自由は、これを保障する。

（生存権・国の社会保障義務）
第二十五条　すべて国民は、健康で文化的な最低限度の生活を営む権利を有する。
2　国は、すべての生活部面について、社会福祉、社会保障及び公衆衛生の向上及び増進に努めなければならない。

（教育を受ける権利）
第二十六条　すべて国民は、法律の定めるところにより、その能力に応じて、ひとしく教育を受ける権利を有する。
2　すべて国民は、法律の定めるところにより、その保護する子女に普通教育を受けさせる義務を負ふ。義務教育は、これを無償とする。

（憲法尊重擁護義務）
第九十九条　天皇又は摂政及び国務大臣、国会議員、裁判官その他の公務員は、この憲法を尊重し擁護する義務を負ふ。

二　教育基本法

平成十八年十二月二十二日
法律第百二十号

教育基本法（昭和二十二年法律第二十五号）の全部を改正する。

我々日本国民は、たゆまぬ努力によって築いてきた民主的で文化的な国家を更に発展させるとともに、世界の平和と人類の福祉の向上に貢献することを願うものである。
我々は、この理想を実現するため、個人の尊厳を重んじ、真理と正義を希求し、公共の精神を尊び、豊かな人間性と創造性を備えた人間の育成を期するとともに、伝統を継承し、新しい文化の創造を目指す教育を推進する。
ここに、我々は、日本国憲法の精神にのっとり、我が国の未来を切り拓く教育の基本を確立し、その振興を図るため、この法律を制定する。

第一章　教育の目的及び理念

（教育の目的）
第一条　教育は、人格の完成を目指し、平和で民主的な国家及び社会の形成者として必要な資質を備えた心身ともに健康な国民の育成を期して行われなければならない。

（教育の目標）
第二条　教育は、その目的を実現するため、学問の自由を尊重しつつ、次に掲げる目標を達成するよう行われるものとする。
一　幅広い知識と教養を身に付け、真理を求める態度を養い、豊かな情操と道徳心を培うとともに、健やかな身体を養うこと。
二　個人の価値を尊重して、その能力を伸ばし、創造性を培い、自主及び自律の精神を養うとともに、職業及び生活との関連を重視し、勤労を重んずる態度を養うこと。
三　正義と責任、男女の平等、自他の敬愛と協力を重んずるとともに、公共の精神に基づき、主体的に社会の形成に参画し、その発展に寄与する態度を養うこと。
四　生命を尊び、自然を大切にし、環境の保全に寄与する態度を養うこと。
五　伝統と文化を尊重し、それらをはぐくんできた我が国と郷土を愛するとともに、他国を尊重し、国際社会の平和と発展に寄与する態度を養うこと。

（生涯学習の理念）
第三条　国民一人一人が、自己の人格を磨き、豊かな人生を送ることができるよう、その生涯にわたって、あらゆる機会に、あらゆる場所において学習することができ、その成果を適切に生かすことのできる社会の実現が図られなければならない。

（教育の機会均等）
第四条　すべて国民は、ひとしく、その能力に応じた教育を受ける機会を与えられなければならず、人種、信条、性別、社会的身分、経済的地位又は門地によって、教育上差別されない。
2　国及び地方公共団体は、障害のある者が、その障害の状態に応じ、十分な教育を受けられるよう、教育上必要な支援を講じなければならない。
3　国及び地方公共団体は、能力があるにもかかわらず、経済的理由によって修学が困難な者に対して、奨学の措置を講じなければならない。

第二章　教育の実施に関する基本

（義務教育）
第五条　国民は、その保護する子に、別に法律で定めるところにより、普通教育を受けさせる義務を負う。
2　義務教育として行われる普通教育は、各個人の有する能力を伸ばしつつ社会において自立的に生きる基礎を培い、また、国家及び社会の形成者として必要とされる基本的な資質を養うことを目的として行われるものとする。
3　国及び地方公共団体は、義務教育の機会を保障し、その水準を確保するため、適切な役割分担及び相互の協力の下、その実施に責任を負う。
4　国又は地方公共団体の設置する学校における義務教育については、授業料を徴収しない。

（学校教育）
第六条　法律に定める学校は、公の性質を有するものであって、国、地方公共団体及び法律に定める法人のみが、これを設置することができる。
2　前項の学校においては、教育の目標が達成されるよう、教育を受ける者の心身の発達に応じて、体系的な教育が組織的に行われなければならない。この場合において、教育を受ける者が、学校生活を営む上で必要な規律を重んずるとともに、自ら進んで学習に取り組む意欲を高めることを重視して行われなければならない。

（大学）
第七条　大学は、学術の中心として、高い教養と専門的能力を培うとともに、深く真理を探究して新たな知見を創造することにより、広く社会に提供することにより、社会の発展に寄与するものとする。
2　大学については、自主性、自律性その他の

教育実習体験レポート［必須］

以下の要領で体験レポートを書き、**このページの裏面に貼付してください。**

1. 原　　稿　　**A4横書1頁。**パソコン入力（文書は保存しておいてください）。
　　　　　　　1600字以内（40字×40行）。

2. 内　　容　　次のような内容でまとめ、下記の欄に表題その他を記載してください。
　　　　　　　a．教育実習前に準備したこと。また、準備すればよかったと思うこと。
　　　　　　　b．教育実習で苦労した点、うれしかった点、感動エピソードなど。
　　　　　　　c．今後、教育実習におもむく後輩たちへのアドバイス。

表題						
氏名		性別	学籍番号／科目等履修生番号			
			1			ー
	学部		学科	専修・攻		年
［科目等履修生］	学部		学科	専修・攻		年
［科目等履修生］	大学院		研究科	専攻		年
実習校	国立 公立 私立			都道府県名		
実習教科・科目		実習期間	20　年　月　日　〜　月　日			

教育実習体験レポート添付箇所

（のり付けまたはセロファンテープで）

Ａ４

――― 本文から始め、表題はここには記載不要 ―――

執筆者一覧

早稲田大学教育実習マニュアル刊行会

＊は教育・総合科学学術院非常勤講師
所属の後の数字は執筆部分を示す。

はじめに　小林　宏己（前教職課程主任　教育・総合科学学術院教授）

第1章　学校教育とは

石堂　常世（早稲田大学名誉教授）　3
梅本　洋（文学学術院教授）　6
菊地　栄治（教育・総合科学学術院教授）　1
白川　優治（千葉大学准教授）＊　8

水原　克敏（教育・総合科学学術院教授）　5
三村　隆男（教育・総合科学学術院教授）　4
湯川　次義（教育・総合科学学術院教授）　2
吉田　文（教育・総合科学学術院教授）　7

第2章　教育実習とは

石堂　常世（早稲田大学名誉教授）　4
藤井　千春（教育・総合科学学術院教授）　8
堀　誠（教育・総合科学学術院教授）　7
堀　正士（教育・総合科学学術院教授）　6

前田　耕司（教育・総合科学学術院教授）　5
松本　芳之（教育・総合科学学術院教授）　2
矢口　徹也（教育・総合科学学術院教授）　3
湯川　次義（教育・総合科学学術院教授）　1

第3章　授業の展開

楠元　範明（教育・総合科学学術院教授）　6
古賀　毅（千葉工業大学准教授）＊　2
小林　敦子（教育・総合科学学術院教授）　8
坂内　夏子（教育・総合科学学術院教授）　7

藤井　千春（教育・総合科学学術院教授）　3、4
三尾　忠男（教育・総合科学学術院教授）　5, 9
山西　優二（文学学術院教授）　1

第5章　学習指導案の作成

中学校の部

- 国語（現代文）　町田　守弘（教育・総合科学学術院教授）
- 社会　吉田　俊弘（筑波大学附属駒場高等学校教諭）＊
- 英語　堀口　貫治（芝中学校・芝高等学校教諭）＊
- 数学　渡邊　公夫（教育・総合科学学術院教授）
- 理科（物理）　渡邉　由以（早稲田実業学校教諭）
- 保健体育（保健）　吉永　武史（スポーツ科学学術院准教授）
- 道徳　鈴木　強（武蔵野学院大学非常勤講師）＊
- 特別支援学校　湯汲　英史（教育・総合科学学術院非常勤講師）

高校の部

- 国語（古典）　大津　雄一（教育・総合科学学術院教授）
- 英語　松坂　ヒロシ（教育・総合科学学術院教授）
- 数学　渡邊　公夫（教育・総合科学学術院教授）
- 地歴（日本史）　大橋　幸泰（教育・総合科学学術院教授）
- 地歴（世界史）　加藤　史朗（愛知県立大学名誉教授）＊
- 地歴（地理）　近藤　裕幸（愛知教育大学教育学部准教授）＊
- 公民（政経）　宮崎　猛（創価大学教職研究科教授）＊
- 理科（化学）　上野　幸彦（早稲田大学本庄高等学院教諭）
- 保健体育（体育）　友添　秀則（スポーツ科学学術院教授）
- 情報　半田　亨（早稲田大学本庄高等学院教諭）＊
- 「評価規準」と学習指導案・単元指導計画
　　大越　篤（元教育・総合科学学術院教授）

教育関係法規（抜粋）

長島　啓記（教育・総合科学学術院教授）
奥野　武志（教育・総合科学学術院講師（任期付））

（職名　2015年3月31日現在）

早稲田大学教育実習マニュアル〔第5版〕

2001年 4月 1日　初版　第1刷発行	2013年 4月 1日　第5版　第3刷発行	2019年 4月 1日　第5版　第9刷発行
2005年 4月 1日　第2版　第1刷発行	2014年 4月 1日　第5版　第4刷発行	
2007年 4月 1日　第3版　第1刷発行	2015年 4月 1日　第5版　第5刷発行	
2010年 4月 1日　第4版　第1刷発行	2016年 4月 1日　第5版　第6刷発行	
2011年 4月 1日　第5版　第1刷発行	2017年 4月 1日　第5版　第7刷発行	
2012年 4月 1日　第5版　第2刷発行	2018年 4月 1日　第5版　第8刷発行	

©早稲田大学教育実習マニュアル刊行会

著者　編集代表　湯川　次義

発行者　下田　勝司

東京都文京区向丘1-20-6　　振替00110-6-37828
〒113-0023　TEL (03) 3818-5521　FAX (03) 3818-5514
E-Mail tk203444@fsinet.or.jp

発行所　株式会社　東信堂

Published by TOSHINDO PUBLISHING CO., LTD.
1-20-6, Mukougaoka, Bunkyo-ku, Tokyo, 113-0023, Japan
ISBN978-4-7989-0034-6　C3037　¥1100